KB199886

심리학하는 교회언니 헵시바의
연애 상담

심리학하는 교회언니 헵시바의
연애 상담

지은이 | 헵시바
초판 발행 | 2022. 5. 11
7 쇄 발행 | 2025. 2. 21
등록번호 | 제 1988-000080 호
등록된 곳 | 서울특별시 용산구 서빙고로 65길 38
발행처 | 사단법인 두란노서원
영업부 | 2078-3333   FAX | 080-749-3705
출판부 | 2078-3331

책값은 뒤표지에 있습니다.
ISBN 978-89-531-4214-5 03230

독자의 의견을 기다립니다.
tpress@duranno.com www.duranno.com

두란노서원은 바울 사도가 3차 전도여행 때 에베소에서 성령 받은 제자들을 따로 세워 하나님의 말씀으로 양
육하던 장소입니다. 사도행전 19장 8-20절의 정신에 따라 첫째 목회자를 돕는 사역과 평신도를 훈련시키는 사
역, 둘째 세계선교(TIM)와 문서선교(단행본·잡지) 사역, 셋째 예수문화 및 경배와 찬양 사역, 그리고 가정·상담 사역
등을 감당하고 있습니다. 1980년 12월 22일에 창립된 두란노서원은 주님 오실 때까지 이 사역들을 계속할 것
입니다.

심리학하는
교회언니
헵시바의

연애
상담

헵시바
지음

두란노

차례

○ ○ ○

하나. 사랑을 시작하기 전에
사랑의 출발선

둘. 사랑의 기본 개념
바운더리 심리학

셋. 연애를 시작하는 이들에게
건강한 사랑 연습

넷. 다시 사랑할 수 있을까요?
이별과 고독의 시간

다섯. 이 결혼, 해도 될까요?
건강한 결혼관

추천사

두 사람이 만나서 결혼을 하기 위해서는 준비해야 할 목록들이 너무나 많습니다. 하지만 인생의 가장 긴 시간을 함께하게 될 배우자와의 결혼 생활을 위해 무엇을 준비해야 할지는 먼저 생각해 보아야 합니다.

그런 점에서 이 책은 연애부터 결혼 준비, 결혼까지 청년기 시절 또는 신혼부부들이 얼마든지 가질 수 있는 고민들을 신앙적 관점과 심리학적인 관점에서 실제적인 도움을 제공합니다. 성경적인 결혼관과 가정관을 세우고, 서로의 차이를 이해함으로 진실한 대화를 할 수 있게 하며, 무엇보다 하나님 안에서 온전한 연합을 이루어 행복한 결혼을 준비할 수 있도록 도와줍니다.

특히, 이 책의 저자는 동안교회의 신실한 성도로서 하나님을 향한 믿음과 온유한 성품, 그리고 경건한 삶 위에 하나님이 허락하신 섬김의 은사를 겸비한 성도입니다. 그 은사를 가지고 동안교회 대학부와 청년부에서 리더 및 회장으로 섬겼으며 암미 선교(단기선교)에도 참여했습니다. 조은이 성도 부부는 지난 2015년 저의 주례로 결혼하여 가정을 이루었으며 교회와 부서, 공동체를 위해 아름답게 헌신하는 가정입니다.

저자가 동안교회에서 보여 준 신실한 신앙, 성품과 섬김을 통해 볼 때, 이 책이 여러분에게 하나님이 허락하신 '행복한 가정을 향한 아름다운 준비'를 하기에 훌륭한 도움을 제공하리라 생각하기에 이 책을 추천합니다.

김형준 동안교회 담임목사

'남녀 간의 사랑'은 청년들에게 늘 큰 관심사입니다. 시대가 바뀌고 혼인율이 역대 최저를 기록했다는 뉴스 기사를 접하는 것이 일상인 요즘도 이것은 마찬가지입니다. 한국대학생선교회(CCC)에서 특강을 하면 수많은 주제의 특강 중 '연애'와 관련한 강의가 늘 조기 마감되는 인기 강좌인 것만 봐도 알 수 있습니다. 그런 의미에서 크리스천 청년들이 사랑과 연애, 결혼에 대한 올바른 인식을 가질 수 있도록 돕는 일은 너무나 중요합니다.

그렇기 때문에 '심리학하는 교회언니'라는 콘셉트로 지난 3년간 구독자들과 만나 온 '헵시바'가 청년들을 위한 이 책을 낸 것은 무척 반갑습니다. 그동안 청년들과 소통하면서 그들의 진솔한 고민을 들으며 성경의 원리 속에서 답을 찾아 온 헵시바의 이야기가 이 책에 고스란히 담겨 있습니다.

특히 단순한 지식 전달이 아니라, 매 장마다 '한 줄 정리'와 '기억할 말씀', '나눔'이 있어서 개인 묵상에도, 공동체 속에서 교재로 사용하기에도 손색이 없습니다. 무엇보다 인상적인 것은 단순히 '어떻게 연애를 잘할 것인가?', '어떻게 좋은 사람을 만날 것인가?'와 같은 단편적인 토픽을 넘어서 '싱글의 시기를 어떻게 잘 보낼 것인가?', '먼저 하나님과의 관계가 바로 서야 건강한 관계를 만들 수 있다' 등 인간관계의 뿌리부터 튼튼하게 다질 수 있도록 돕는 것입니다. 또한 만남 이전부터 건강한 결혼 관계 맺기, 심지어 '잘' 이별하는 법까지 소개하고 있습니다.

이 책을 읽으며 남자와 여자의 차이에 대해, 사랑에 대한 원리들을 배우다 보면, 단순히 '사랑하고 싶다', '사랑받고 싶다'라는 욕구를 넘어 '하나님 안에서 사랑하기'라는 보다 건강한 관점을 가질 수 있으리라 생각합니다. 그렇기에 청년 사역자로서 흔쾌히 이 책을 추천합니다.

세상은 '욜로'를 말하고 '화려한 싱글'을 이야기합니다. 정부에서는 갖가지 혼인 장려, 출산 장려 정책을 쏟아 내지만, '나 혼자가 편해'라는 세상의 가치관은 어떠한 정책으로도 무너뜨릴 수 없는 장벽이 되고 있습니다. 그렇기에 우리 크리스천 청년들이 사랑에 대한, 결혼에 대한 바른 가치관을 갖고 좋은 모범을 만들어 가야 합니다. 하나님은 우리에게 진정한 사랑과 만족으로 이끄는 귀한 관계를 예비해 두셨습니다. 이 책과 함께 그 사랑의 여정에 동참해 보시길 축복합니다.

박성민 한국 CCC 대표

흔히 크리스천의 사랑과 결혼에 관한 이야기는 관념적이거나 따분하다고 여깁니다. 크리스천들이 많이 하는 고민이지만 신앙에 근거한 단순한 이야기나 이미 정해진 답을 들을 때가 많기 때문입니다. 이 책은 사랑과 결혼에 관해 실제적인 답을 얻기 어려운 크리스천들에게 솔직하고 구체적인 연애 지침을 주는 책입니다.

이 책은 저자가 유튜브 채널을 운영하면서 사람들에게 많이 받았던 질문과 상담 내용을 토대로 구성되었습니다. 그래서 질문과 답변이 매우 구체적입니다. 배우자 기도부터 관계의 우선순위 세우기, 연애의 준비와 결혼을 위한 훈련까지 건강하게 사랑하는 방법을 알려 줍니다. 사랑의 개념을 설명하면서 상대의 의사를 묻지 않고 자장면을 주문하는 것까지 언급하며 우리 일상의 구체적인 실례까지 찾아 갑니다.

건강한 관계를 위해 배우고 훈련하는 과정은 자신의 내적 성숙을 위해서도 꼭 필요합니다. 이 책을 통해 먼저 자신을 돌아보고, 사랑과 결혼에 대한 성경적 관점이 구체화되기를 바랍니다. 하나님 안에서 건강한 연애를 꿈꾸며 구체적이고 실제적인 답변을 구하는 크리스천들에게 이 책을 추천합니다.

이요셉 다큐 사진 작가

흥미진진하고 상상을 실컷 할 수 있는 소설책 아니고선 글이 가득하고 두꺼운 책은 잘 읽지 않는 저, 《심리학하는 교회언니 헵시바의 연애 상담》을 처음 만났을 때 쉽지 않았어요. 집중하기 어려웠고, 간단한 내용도 아니었기 때문에 잘 읽히지 않았어요. 그런데도 너무나 궁금한 마음에 여러 번 다시 심호흡을 하고 또박또박 읽고 다시 읽었어요. 읽으면 읽을수록 깨달음이 점점 많아졌어요.

저는 4년 동안 고독한 광야와 요동치는 폭풍을 수없이 겪으면서 기나긴 배우자 기도를 했고, 벌써 결혼한 지 3년이 되었어요. 배우자를 만나는 과정도 힘들었지만, 결혼을 했다고 끝나는 게 아니었거든요. 아직 제가 외면하고 싶었던 부족한 부분들을 이 책을 통해 깨달았어요.

이 책의 제목은 "연애 상담"이라고 쓰여 있지만 정작 미혼뿐만 아니라 기혼에게도 아주 훌륭한 책이 되어 줄 것 같아요. 미혼에게는 하나님이 보시기에 참 기쁜 배우자를 알아볼 수 있게 올바르게 이끌어 주는 책이고, 기혼에게는 이미 한 배를 함께 탄 배우자와 부족한 부분을 다시 채워 가며 더욱 행복한 결혼 생활을 할 수 있게 도와주는 책이 되어 줄 거예요.

누구에게도 말 못 하는 고민, 또는 아무에게도 듣고 싶지 않았던 충고가 이 책에 담겨 있어요. 하나님과 나만이 알 수 있도록 조용하고 은밀하게 들여다보면서 귀 기울일 수 있는 책이고, 나에 대한 부족한 부분도 이 책을 통해 혼자서 몰래 회개를 할 수 있는 책이랍니다.

이 책을 한 단어로 말해 보라고 한다면 '가이드'라고 할 거예요. 아주 성숙하고 훌륭한 가이드예요. 여러분, 진정으로 행복하게 살고 싶다면 이 책을 포기하지 마세요! 배우자를 만나기를 기다리고 있는 분은 아름다운 미래를 만나길, 그리고 이미 만난 분은 지금보다 더 행복하길 바랍니다. 샬롬!

구작가 일러스트레이터

이 책은 솔로 시절을 보내고 있는 사람에게도, 현재 연애를 하고 있는 사람에게도, 심지어 결혼한 사람에게도 많은 도움이 되는 책입니다. 사랑에 관해 궁금한 크리스천이라면 누구나 한 번쯤 고민해 보았을 주제들을 인격적이신 하나님과 함께 풀어 갈 수 있게 방향을 제시해 주고, 무엇보다 하나님이 우리를 얼마나 귀하게 여겨 주시는지 알게 해 주기 때문입니다. 책을 읽는 동안 '맞아 맞아' 하며 속으로 박수하며 읽기도 하고, '이 내용은 나에게도 해당이 되는 거 아니야?' 하며 체크해 보며 읽기도 했습니다. 나중에 책이 나오면 아내에게도 선물하고 싶다는 생각을 했습니다. 이처럼 이 책은 혼자 읽어도 좋지만, 부부가 함께 읽어 보면 더없이 좋을 것 같습니다. 이 책을 읽으시는 분들이 완벽한 결혼보다 주님 안에서의 완전한 결혼을 준비할 수 있기를 축복하며 추천드립니다.

김복유 싱어송라이터

들어가면서

"추상적이었던 연애관이 구체화되는 기분이에요."

"신앙 초보도 연애에 하나님의 방법을 적용할 수 있는 노하우를 알려 주셔서 고맙습니다."

"그동안 연애를 좀 안다고 생각했는데, 하나님과의 관계에 뿌리를 둔 연애는 무지 상태로 돌아온 듯한 느낌이었어요. 하나씩 배워 가고 싶습니다!"

유튜브를 통해 크리스천 청년들과 소통하고 있다. '크리스천 연애'만의 특수성이 분명히 존재함에도 불구하고 대부분 막연한 길을 걸어가고 있었다. 교회에서 지나치게 단순화된 답변을 듣고 답답해하거나 세속적인 콘텐츠를 흡수하면서 방황하고 있었다.

크리스천과 연애. 어울리지 않아 보이는 둘의 조합을 어떻게 이해할 것인가? 두 부류의 시선이 있다.

첫째, 외로움을 채우기 위해서, 혹은 본능적인 호기심에 이끌려 이 사람, 저 사람을 찾아다닌다. 감정의 노예처럼 이리저리 이끌려 손쉬운 연애를 결정한다. 가볍고 피상적인 데이트에 청춘을 낭비하거나 연애지상주의 흐름에 휩쓸린다.

둘째, 연애는 '세상 사람'들이나 하는 것이라며 괜한 시간 낭비나 감정 소비로 치부한다. 연애의 목적은 오로지 결혼이고, 결혼하지 않을 바에야 연애를 해서는 안 된다고 생각한다. 이성에게 철벽을 치고 방어적인 편이다.

두 가지 관점 모두 편향된 시각이다. 연애를 나의 일방적인 정서적 욕구를 채우기 위해서나 결혼이라는 관문을 통과하기 위한 도구적인 관점으로만 한정 짓는 것은 단편적인 생각이다. 균형 잡힌 시각으로 바라본 연애의 목적은 '전인격적인 성장'이다. 쉽게 말해, 하나님과 사람을 사랑하는 방법을 구체적으로 배워 간다는 뜻이다.

이성에 대해 눈뜨면서 사춘기 시절의 지독한 자기중심성 (self-centered)에서 벗어나기 시작한다. 호감 단계부터 시작해 연애, 결혼, 육아에 이르기까지 점점 나 자신을 초월해 성숙해져 간다. 3층을 오르려면 1층을 반드시 지나쳐 가야 하는 것처럼, 연애와 결혼도 마찬가지다. 연인 관계는 아무래도 친구보다는 더 친밀하고, 다른 이성과 배타적일 것을 약속하는 일대일 독점 관계다. 내적, 외적 갈등도 가장 치열하게 맞닥뜨리게 된다. 아직 자아정체성을 형성해야 하는 청소년 시기에 자녀를 양육한다면 얼마나 버겁겠는가. 이처럼 인격적인 성숙의 각 단계를 생략하고 단번에 뛰어오르기를 기대해서는 안 된다.

자녀로 '삼아' 주심은 무료 쿠폰으로 가능했지만, 자녀의 '삶'에는 공짜가 없다. 연애와 결혼도 분명히 우리 몫으로 해야 하는 결단과 훈련의 분량이 존재한다. 이 책을 통해 그 인

16

격적인 성찰의 지점들을 많이 발견하게 되기를, 기도의 방향
이 구체화되기를 진실로 소망한다.

2022년 5월
헵시바

하나.

사랑을
시작하기 전에

cee

사랑의 출발선

배우자 기도, 꼭 해야 하나요?

기도하는 목적은 응답만이 아니다

○ ○ ○

나는 여느 청년들과 다를 바 없는 크리스천 자매였다. 사춘기 때부터 줄곧 로맨스와 완벽한 사랑에 대한 갈망이 있어 왔다. 예수님을 만난 후 이러한 갈망이 자연스레 배우자 기도로 옮겨졌다. 꼬박 가던 수련회장에서, 괜스레 옆구리가 시려올 때, 인터넷 공간에 글자를 끄적거리다가 내밀한 마음의 소원을 하나님께 올려 드리곤 했다. 기도라기보다는 일기장에 써 내려간 독백 같은 너저분한 기도였다. 그러다가 남편을 만나기 직전, 하나님이 기도의 우선순위를 정리 정돈해 주셨다. 당시 하나님이 말씀으로 확증을 주신 기도 제목을 제외하고는 살짝 접어 두기로 했다.

가장 중요한 기도 제목은 이랬다. 흔히 청년들이 동시에 여러 명을 좋아하기도 하고 이성 친구가 있음에도 다른 사람에게 호감을 표현하기도 하는 모습이 나는 유독 불편했다. 이성 문제에만 국한된 이야기는 아니다. 겉과 속이 일치하지 않는 사람이거나 의도를 숨기는 사람과는 깊은 관계를 맺고 싶지 않았다. 내가 바라는 사람은 '마음이 순수하고 정결한 사람'이라는(마 5:8) 확신이 들었다. 지금도 나는 남편의 정결한 모습이 가장 좋다. 게다가 남편의 생김새도 딱 내가 원하는 이상형이다. 다른 기도 제목들도 세밀하게 응답해 주신 하나님의 배려가 무척 감동이다.

기도에 정답은 없는 것 같다. 정답을 만드는 순간 인위적인 종교성이 개입된다. 마음의 소원을 편하게 아뢰어 드리자. 나 또한 아들이 딸기 케이크를 사 달라고 하는데 구태여 초콜릿 케이크를 고르지는 않는다. 아들이 떡을 달라 하는데 돌을 줄 부모가 있을까(마 7:9). 하나님은 기도 응답을 통해 "나 여기 있다!" 하며 당신의 존재감을 계시하시고 애정 표현을 해 주시는 듯하다.

물론 "기도하지 않고도 잘 만나서 살고 있는 부부들도 많지 않나요? 굳이 배우자 기도를 해야 하나요? 중대한 사역과 하나님의 뜻처럼 보이는 심도 깊은 기도 제목을 뒷전으로 하고, 배우자를 구하는 시시콜콜한 애정 문제로 기도해도 괜찮나요?"라고 질문하는 사람들도 있다. 배우자 기도도 결국 '기도'

의 하나라는 맥락으로 생각해 보았으면 한다. 과연 우리의 사사로운 문제를 두고 간구해야 할까? (솔직히 나는 결혼이 사사롭다고 생각하지 않지만 말이다.)

당신의 하루의 시작이 궁금하다. 기도하고 시작한 하루와 그렇지 않은 하루는 어떻게 다른가? 어쩌다 기도를 놓친 하루는 하나님이 잿빛이 되게 하시고, 열심히 기도 제단을 쌓은 날은 무지갯빛으로 변화시켜 주시는가? 그렇지 않을 것이다. 하나님은 딱딱한 계약서대로 종교적인 '행위'를 요구하지 않으신다. 혹 배우자 기도를 충분히 드리지 않았다 하더라도, 최악의 배우자를 보내 주실 리 만무하다.

다만, 기도를 해 본 사람은 아는 하나님과의 교감이 있다. 똑같은 하루를 보내더라도 기도한 날 우리의 영혼에서 느껴지는 평안과 만족감은 분명히 다르다. 기도하는 사람은 평범한 삶에 깃든 하나님의 은총을 반드시 보게 된다. 쉬이 지나칠 수 있는 새벽 공기와 부서지는 햇살, 소박한 한두 점의 반찬에도 감사할 수 있는 마음을 지니게 된다. 주변 이들의 미소와 친구의 안부 전화에서, 혹은 풀리지 않을 것처럼 꼬인 답답한 삶의 수수께끼 속에서도 하나님의 섭리와 뜻을 알아차리게 된다.

'아, 이게 나를 향한 하나님의 사랑이구나!'

그래서 기도의 목적을 단순한 기도 응답 자체로 보는 것은 지나치게 편협한 시각이다. 기도의 진정한 가치는 하나님 자체를 소유하게 되는 순간, 순간에 있기 때문이다.

나 또한 그랬다. 청년 시절, 배우자를 꿈꾸며 하나님과 함께 대화를 나누던 달콤한 시간들은 어느 유명한 찬양의 제목처럼 그야말로 '그 무엇과도 바꾸지 않을' 추억이 되었다. 기도 응답의 직접적인 결과인 우리 남편하고도 말이다! 하나님을 만나는 응답의 기쁨을 당신도 꼭 누리기를 권한다.

•• 한 줄 정리 ••

기도는 하나님의 사랑을 누리고 깨달아 그분을 더욱 사랑하게 되는 과정이다.

•• 기억할 말씀 ••

내가 간구하는 날에 주께서 응답하시고 내 영혼에 힘을 주어 나를 강하게 하셨나이다(시 138:3).

•• 나눔 ••

세세한 기도 제목의 응답 여부를 떠나, 하나님이 당신의 영혼을 강건하게 해 주신 경험이 있는가?

왜 배우자 기도가 응답되지 않을까요?

응답하지 않으심 또한 응답이다

◦ ◦ ◦

청년 시절에 드렸던 배우자 기도 제목을 다 공개하기는 어려울 듯하다. 그때는 마치 다섯 살짜리 꼬맹이가 장난감을 사달라고 조르는 기도처럼 순진하고 단순한 기도를 드렸다. 내 영혼이 바라는 소망이 무엇인지 나조차 몰랐다. 그럴 수밖에 없기도 했다. 결혼을 안 해 봤으니…. 막연하게 좋아 '보이는' 기도 제목들을 열거하기에 바빴다.

다섯 살 난 아들은 마트에 들르면 항상 과자를 고른다. 아들이 아무리 좋아해도 매번 군것질거리를 사 주지는 않는다. '인스턴트식품을 많이 먹으면 건강에 좋지 않으니까 군것질거리는 사 주지 말아야지. 배가 고플 테니 대신 영양이 있는 음식을 만들어 주어야겠다!'고 다짐하면서 말이다.

아이의 안목은 한계가 있다. 하나님은 우리가 드리는 기도의 언어가 어떤 모양이든 연신 사랑스러워하시고, 또 사랑스럽게 바라보고 계신 듯하다. 아들이 무언가 사 달라고 조를 때 나 또한 엄마로서 해 줄 수 있는 일이 있어서 행복하다. 하물며 우리 하나님이실까. 그럼에도 하나님이 모든 기도를 다 들어주실 수는 없다. 아이의 생각의 한계에서 나온 기준들은 거르신다. 기도 제목 중에서 뺄 것은 빼고 더할 것은 더해서 가장 아름다운 종합선물세트를 포장해 놓고 계신다.

나 또한 배우자 기도 중 응답되지 않은 기도 제목들에 대해서 지금은 어느 정도 납득이 간다. 전부 하나님이 거절하실 만한 충분한 이유가 있었다. 응답되지 않은 기도에는 3가지 중요한 특징이 있었다.

1. 배우자에 관한 지나친 욕심에 근거한 기도 제목
   내 결핍을 채우려는 의도로 상대를 이용하기 원했던 기도 제목은 탐심이고 욕심이었다. 또한 지나치게 완전한 성품의 조합은 불가능한 환상이었다.

2. 나 스스로가 준비되고 훈련되어야 할 기도 제목
   어떤 기도 제목은 상대에게 바라기 전에, 배우자를 섬기기 위해 나 스스로를 준비시켜 주시는 방식으로 응답해 주셨다.

3. 비성경적인 결혼관에 근거한 기도

결혼에 대한 부족한 이해에 근거한 기도 제목은 당연히 응답
될 수 없었다.

배우자 기도는 다른 간구와는 다르게 '사람'을 간구하는 기
도다. 그런데 자칫 잘못하다가 기도의 대상인 상대의 인격을
함부로 조작하고 싶은 유혹에 빠질 수 있다. 쇼핑몰에서 물건
고르듯 말이다.

청년들과 상담을 하다 놀랄 때가 있다. 배우자 기도 제목
을 보면 모조리 상대의 세속적인 조건만을 나열해 놓은 경우
가 있다. 자신이 전문직이기 때문에 상대도 반드시 전문직이
어야 한다거나, 처음부터 끝까지 모두 상대의 외모만을 구하
는 기도 제목인 경우도 있다. 어느 것 하나 놓치면 하나님이
혹시라도 말도 안 되는 내용을 넣으실까 봐 우려되는 마음에,
빠져나갈 구멍 없이 촘촘하게 적어 둔 기도 제목도 있다. 인
격적인 '만남'에 초점을 맞추기보다는 데이터와 데이터를 비
교하고 분석한다. 하나님의 형상인 사람의 영혼을 어찌 수치
화할 수 있는지, 안타깝다.

저변에는 깊은 불안감과 두려움이 숨어 있다. 결혼을 그야 말로 잘하고 싶고, 멋진 배우자를 만나서 '성공'하고 싶어 한다. 사랑과 인정에 대한 결핍이나 부모님의 결혼 생활의 실패를 보았기 때문일 수도 있다. 어떤 이유에서든지 이러한 두려움 때문에 구체적인 기도 목록을 채우는 것은 경계해야 한다. 욕심으로 꾸역꾸역 담아 둔 쇼핑 카트는 버려야 한다. 기도하는 내적 동기가 불안으로 인한 '욕심'이라면 어차피 하나님이 기도를 수락하지 않으실 것이다. 앞서 언급했듯이, 하나님을 사랑하고 미래의 배우자를 사랑하는 것에 빗나가 있는 기도라면 잘못된 기도다.

하나님과 소통을 하면서 기도 제목에 대한 점검을 받아 보기를 권한다. 하나님이 기도 제목을 때로는 수정하시고, 삭제하시고, 또 새롭게 보태 주실 것이다. 하나님의 의견을 들려주실 수 있도록 귀를 항상 열어 두자. 아주 간단한 방법으로는, 기도 제목을 가까운 동역자들에게 점검받을 수 있다. 주변에 있는 미혼 청년보다는 성숙한 기혼자에게 부탁하는 편이 좋겠다.

기도 제목을 하나님께 마음껏 아뢸 수는 있지만, 기도 제목자체를 우상처럼 붙들고 있어서는 안 된다. 예를 들어, 내 기도 제목과 조금 다른 조건을 가진 상대를 단순히 '기도 제목과 다르다'는 이유로 거절하는 것 등이다. 언제든 내 기도 제목이 잘못될 수 있음을 염두에 두어야 한다.

기도는 자유롭게 해도 되지만, 기도 응답에 대해서는 하나님을 통제하려 하지 말자.

•• 기억할 말씀 ••

구하여도 받지 못함은 정욕으로 쓰려고 잘못 구하기 때문이라(약 4:3).

•• 나눔 ••

하나님과 상관없이 나의 이기적인 목적으로만 구하는 기도는 응답되지 않는다. '응답되지 않은 배우자 기도의 3가지 특징'을 기준으로 나의 배우자 기도 제목을 점검해 보자.

배우자 기도가 뭔가요?

기도의 응답은 결국 사랑

○ ○ ○

청년들은 '배우자 기도'에 관심이 많다. 각자 조금씩 다른 의미로 '배우자 기도'라는 용어를 사용하고 있는 듯하다. 가끔씩 난감한 표정을 짓고 질문을 하는 경우가 있다. 현재 연애하는 상대와 결혼에 대해 불확실한데, 이런 경우 어떤 식으로 배우자 기도를 해야 하냐는 것이다. 상대를 두고 기도하자니 이 사람이 배우자가 될 사람인지가 불확실하고, 다른 상대를 두고 기도하자니 도의상 아닌 것 같은 거다. 때로는 배우자 기도를 결혼에 골인하기 위해 하나님을 이용하는 수단처럼 여기기도 한다. 그래서 도대체 몇 년 정도 더 기도를 하면 응답의 '효험'이 있는 건지, 특별한 원리를 묻듯 질문하기도 한다.

배우자 기도란 과연 무엇인가? 나는 배우자 기도를 '미혼의 청년들이 결혼과 관련된 모든 문제에 대해 하나님의 인도하심과 개입하심을 구하는 간구'라고 정의 내린다. 따라서 나이가 몇 살이든, 지금 상황이 어떻든 미래의 결혼 문제를 위해 지속적으로 하나님께 기도를 드리는 것은 항상 옳다. 내 멋대로 하지 않고, 하나님께 미래 결혼의 결정권을 드리겠다는 신뢰의 표현이기 때문이다.

이상형을 상상하면서 원하는 리스트를 만드는 것을 결코 반대하지 않는다. 앞서 언급했듯이, 나도 청년 시절 무수히 많은 리스트를 작성했다. 우리 마음의 소원을 하나님께 올려드리는 것은 너무 아름다운 일이다. 다만, '최종 결정'은 하나님이 하심을 인정해 드리는 믿음을 전제하자.

결혼 문제는 인생에서 가장 중요한 선택 중 하나라는 것을 부인할 사람은 없을 것이다. 육신의 부모의 허락 없이 결혼하는 사람은 흔치 않다. 우리의 영적인 부모님께 결혼과 관련한 모든 문제에 관해 '상담'받기 시작하는 대화가 배우자 기도다.

당신은 어떤 사람을 만나고 싶은가? 어떤 가정을 꿈꾸는가? 혹시 요즘 관심 가는 이성이 있는가? 무엇이든지 괜찮으니, 하나님 앞에 나아가 조잘조잘 대화하는 시간을 가져 보자. 하나님이 이성 교제에 대한 사소한 고민도 얼마나 흥미롭게 들어 주시는지 알면 깜짝 놀라게 될지 모른다.

요즘엔 결혼에 대한 기대감이 없는 청년들도 많다. 결혼 문제에 대해 하나님을 신뢰하지 않는 것은 아닌가? 믿기 시작하면 기도하게 되고, 기도하기 시작하면 '기대감'이 생긴다. 기대감을 품기 시작하면 하나님이 일하신다.

또한 배우자 기도를 했던 사람은 배우자를 바라보는 관점이나 결혼 생활에 임하는 자세 자체가 다를 것이다. 상대를 선하신 하나님의 기도 응답으로 바라보기 때문이다. '기도를 통해 받은 배우자'라는 이 '믿음'은 결혼 생활의 크고 작은 어려움을 딛고 나가는 데 큰 버팀목이 될 것이다.

'내가 그토록 기도한 기도의 응답이라면 분명히 이유가 있을 거야', '혹시 내가 변화해야 할 부분은 없을까?' 하며 금세 마음을 바꾸는 일에 비교적 유연해질 것이다. 하나님이 '보증인'이시라 굳게 믿기에 가능한 일이다. 설사 결혼 생활 가운데 크고 작은 풍랑이 있더라도, 청년의 때에 했던 습관대로 다시 기도의 무릎으로 나아가 하나님의 해결하심을 기대하고 소망하게 될 것이다. 그리고 청년 시절 배우자를 응답 받았던 것처럼, 배우자를 '위한' 기도에서도 하나님의 역사를 반드시 목도하게 될 것이다.

그래서 배우자 기도는 단순하게 배우자를 만나는 순간 종결되는 것이 아니다. 참된 의미에서 배우자 기도는 결혼 후에도 동일하게 이어지게 된다. 결혼 전에는 배우자를 '구하는' 기도였다면, 결혼 후에는 배우자를 '위한' 기도가 되는 것이다.

배우자 기도를 드리는 시간은 하나님이 분명히 허락해 주실 미래의 배우자를 '이미' 사랑하는 순간들이다. 그래서 기도 후 만난 배우자에게 그간 준비해 놓은 갑절의 사랑을 줄 수 있게 되는 것이다. 너무 멋지지 않은가? 그래서 몇 번을 우려낸 차처럼, 배우자 기도를 하면 할수록 후에 만날 배우자를 향한 사랑의 깊이가 더 깊어지고 진해질 것이라고 굳게 믿는다.

•• 한 줄 정리 ••

배우자 기도란 미혼의 청년들이 결혼과 관련된 모든 문제에 대해 하나님의 인도하심과 개입하심을 구하는 간구다.

•• 기억할 말씀 ••

구하라 그리하면 너희에게 주실 것이요 찾으라 그리하면 찾아낼 것이요 문을 두드리라 그리하면 너희에게 열릴 것이니(마 7:7).

•• 나눔 ••

하나님께 나의 이성 교제 문제를 놓고 기도한 적이 있는가? 이 영역만큼은 왠지 부끄럽고 사소하게 느껴지진 않았는가?

구체적으로 무엇을 구해야 하나요?

배우자 기도를 위한 성품 리스트 31

○ ○ ○

창세기에 나오는 이삭과 리브가의 결혼 스토리를 살펴보자. 어떻게 배우자 기도를 했는지 참고할 수 있다.

첫째, 신앙을 구했다. 아브라함은 당시에 살고 있던 이방 가나안 땅에서 아들의 배필을 구하지 않고, 종에게 고향으로 가서 찾아오라고 지시했다(창 24:3-4). 같은 신앙의 사람을 만나는 것이 하나님의 명령이었기 때문이다. 우리의 신앙을 보호하기 위해서는 '같은' 믿음 안에서 가정을 이루어야 한다.

둘째, 상대의 인격적인 특징을 구했다. "제가 그 가운데서 한 소녀에게 '물동이를 기울여서, 물을 한 모금 마실 수 있게 하여 달라' 하겠습니다. 그때에 그 소녀가 '드십시오. 낙타들에게도 제가 물을 주겠습니다' 하고 말하면, 그가 바로 주님께서 주님의 종 이삭의 아내로 정하신 여인인 줄로 알겠습니다.

이것으로써 주님께서 저의 주인에게 은총을 베푸신 줄을 알겠습니다"(창 24:14, 새번역 성경).

이 구절을 통해 아브라함의 종은 물을 길으러 나올 만큼 성실하고, 다른 사람의 부탁에 친절하게 반응하는 성품을 구했음을 알 수 있다. 기도를 미처 마치기도 전에(창 24:15) 이삭의 아내가 될 리브가가 나오는 장면이 이어지고, 리브가의 성품을 확인할 수 있는 행동들이 그대로 나타났다.

이처럼 우리는 상대의 '신앙'과 '성품'에 대해서 배우자 기도를 할 수 있다. 다른 기도 제목을 절대 구해서는 안 된다는 의미가 아니다. 하나님은 인격적인 분이시기에, 우리의 개인적인 취향을 존중하시고 최대한 어울리는 짝을 만나게 해 주실 것이다. 그러나 배우자를 구하고 선택할 때 개인적인 소원들은 부차적인 기준으로 생각해야 한다. 우선적으로 기도하고 점검할 사항은 신앙과 성품, 두 가지다.

간혹 신앙과 성품 중에서 무엇을 우선순위로 봐야 하는지 질문하는 경우가 있다. 둘 다 중요하다. 다만, 신앙은 가장 기본적인 구원의 확신을 점검해 보면 되는 문제이고, 성품은 개인적으로 선호하는 성품을 구하기를 추천한다.

그런데 어떤 성품을 구해야 하는지 막연하게 느껴질 수 있다. 성경을 가만히 읽어 보면 성품을 묘사한 구절이 많이 나온다.

'배우자 기도를 위한 성품 리스트 31가지'를 소개하겠다.[1] 다음 성품들 중에서 배우자가 꼭 지녔으면 하는 내용을 성령님과 대화하며 딱 한 가지만 선택해 보자. 한두 가지 이상을 뽑고 싶은 유혹이 들지도 모르겠다. 모든 성품을 가진 온전한 사람을 바라는 것은 불가능한 환상이다. 욕심과 압박감을 내려놓고, 내 영혼이 가장 바라는 인격적인 특징을 한 가지만 골라 보자. 하나님은 이미 당신과 어울리는 배우자를 알고 계시니 말이다!

1. 존경(Respect, 벧전 2:13-14): 권위에 복종하며 모든 사람을 존경하는 성품

2. 인내(Perseverance, 약 1:2-3): 시험을 만나도 좌절하지 않고 기쁨으로 견뎌 냄으로 연단 가운데 성장하는 성품

3. 순결(Purity, 엡 5:3-4): 음행과 더러운 것과 탐욕과 희롱의 말을 하지 않는 성품

4. 용서(Forgiveness, 엡 4:32): 자기를 힘들게 하는 이들에 대해서 인자한 성품, 하나님이 자기를 용서하신 것처럼 용서하는 마음을 가진 성품

5. 자기 훈련(Self-discipline, 고전 9:25-27): 자기 몸을 쳐서 복종하는 훈련을 기꺼이 받는 성품

6. 지혜(Wisdom, 골 1:9): 지혜와 총명으로 하나님의 뜻을 아는 성품

7. 정직성(Integrity, 시 15:5): 경건한 자를 존대하며 뇌물을 거절하고 약속을 지키는 성품

8. 관대(Generosity, 히 13:16): 지체들에게 관대한 마음을 갖는 성품

9. 섬김(Servanthood, 갈 5:13): 남과 가족을 사랑으로 섬기는 성품

10. 이타심(Selflessness, 빌 2:4): 자기의 일뿐 아니라 다른 사람의 일을 돌봄으로 오는 기쁨을 아는 성품

11. 순종(Obedience, 창 26:5): 하나님과 권위자의 말에 기쁘게 따르는 성품

12. 분별력(Discernment, 골 2:8-9): 헛된 철학과 속임수에 속지 않고 예수님을 따르는 성품

13. 긍휼(Compassion, 골 3:12): 자비, 겸손, 온유함으로 옷 입은 성품

14. 감사(Thankfulness, 살전 5:18): 범사에 감사하는 성품

15. 성숙(Maturity, 벧후 1:5-6): 믿음과 덕 가운데 성장하여 많은 열매를 맺는 성품

16. 거룩(Holiness, 엡 4:23-24): 성령으로 새롭게 되어 하나님의 거룩함을 나타내는 성품

17. 강건(Strength, 엡 6:10-11): 주 안에서와 그 힘의 능력으로 강건한 성품

18. 근면(Diligence, 골 3:23): 무슨 일을 하든지 주께 하듯 열심히 부지런한 생활 습관이 몸에 밴 성품

19. 사랑(Love, 롬 12:9-10): 거짓이 없이 악을 미워하고 진실한 사랑으로 남을 존중하는 것을 기뻐하는 성품

20. 용기(Courage, 딤후 1:7): 마음에 두려움이 없고 십자가의 능력과 사랑과 절제가 가득한 성품

21. 기도(Prayerfulness, 빌 4:6): 아무것도 염려하지 않고 항상 감사함으로 간구하는 성품

22. 신뢰(Trust, 잠 3:5-6): 자신을 의지하지 않고 하나님만을 신뢰하는 성품

23. 경외(Reverence, 벧전 1:17): 항상 하나님을 의식하며 생각하고 행동하는 성품

24. 자신감(Confidence, 빌 4:13): 주님이 주시는 능력으로 모든 것을 할 수 있음을 확신하는 성품

25. 경건(Godliness, 딤전 6:11): 악을 싫어하며 경건한 것을 따르는 성품

26. 진실성(Truthfulness, 엡 4:25): 거짓을 버리고 진실을 말하는 성품

27. 자제력(Self-control, 약 1:19): 말하기를 더디 하고 성내기도 더디하며 자기 감정을 절제하는 힘을 가진 성품

28. 겸손(Humility, 엡 4:2): 다른 사람에게 겸손하며 온유하고 인내하는 성품

29. 책임감(Responsibility, 롬 14:12): 하나님 앞에서 자기의 책임을 인

정하는 성품

30. 결단(Determination, 잠 4:27): 우편으로나 좌편으로나 치우치지
    않고 선한 목표를 향해 나아가는 성품

31. 배우고자 하는 마음(Teachability, 잠 23:12): 지침을 따르고 지식
    을 얻기를 즐겨 하는 성품

▶

•• 한 줄 정리 ••

우리는 상대의 신앙과 성품에 대해서 배우자 기도를 할 수 있다.

•• 기억할 말씀 ••

말을 마치기도 전에 리브가가 물동이를 어깨에 메고 나오니 그는 아
브라함의 동생 나홀의 아내 밀가의 아들 브두엘의 소생이라(창 24:15).

•• 나눔 ••

배우자가 될 사람의 신앙과 대표적인 성품을 구하고 있는가? 주변 사
람들과 기도 제목을 나누어 보자.

하나님, 이 사람은 안 된다구요?

사람보다 주님과의 로맨스

◦ ◦ ◦

"하나님, 이 사람이 도대체 왜 안 되죠? 반대하시는 이유를 논리
적으로 말씀해 주시면 안 될까요? 전 이 사람 없으면 안 돼요."

하나님이 없는 관계는 만족도가 급격하게 낮아진다. 싸우는
횟수가 늘어나고 서로 못 잡아먹어 안달이다. 하나님이 빠져
버린 관계에서는 서로에게 줄 것이 그다지 많지 않다. 불편하
지만 정확한 진실이다. 우리 각자가 얼마나 불완전한지, 얼마
나 나의 이익을 위해서만 상대를 이용하는지, 상대가 줄 수 없
는 사랑을 얼마나 무리하게 요구하는지를 보게 된다. 인간의 사
랑이라는 것은 다른 누군가를 온전하게 채울 수 없다는 실상을
발견할 뿐이다. 하나님을 배제한 사랑은 처절하게 실패한다.

오해하지 말자. 하나님이 관계를 훼방 놓으려고 하시기 때

문이 아니다. 함정을 파고 우리에게 상처를 주시려는 것이 아니다. 우리 스스로 욕심에 이끌려 시험에 빠지는 것이다. 하나님은 관계를 창조한 분이시다. 하나님은 사랑 그 자체시다. 그런 하나님 없이 하는 사랑은 마땅한 식재료 없이 요리를 만들려는 억지스러운 꼴이 될 뿐이다.

청년의 때에 중요한 과업은 하나님만이 우리 영혼의 가장 큰 결핍을 메꾸는 유일한 분이심을 깨닫는 것이다. 이 점을 모른다면, 미래 결혼 생활에서도 반드시 상대에게 실망을 넘어 좌절하고 분노하게 될 것이다. 가장 큰 문제는 관계가 불만족스러운 원인을 '하나님과의 질적인 관계성'에서 찾지 않고, 오롯이 '상대 탓'으로 돌리게 되는 것이다. 수렁에 빠지듯이 관계는 더욱 악화될 수밖에 없다. 하나님에게서만 얻을 수 있는 영혼의 만족은 오직 하나님과의 관계 속에서만 채워진다.

20대 후반쯤에 여러모로 성장이 막혀 있는 듯했다. 20대 내내 했던 중요한 기도의 제목들은 응답이 없었다. 하나님을 기대하는 마음도 지쳐 갔다. 어디로 가야 할지 모르고 갈 바를 잃은 것 같았다. 어느 날 방에 누워서 무료한 일상을 보내고 있었는데 문득 생각이 떠올랐다.

'한 번이라도 하나님의 이름을 아무 목적 없이 불러 본 적이 있었나?'

늘 기도 제목 꾸러미만 챙겨서 찾았지 싶었다. 하나님을 존재가 아니라 도구처럼 대하고 있었다는 생각이 들었다. 처음으로 하나님을 아무런 목표 없이 만나고 싶어졌다.

"하나님…, 여기 계시나요? 똑똑…!"

하나님을 부르고 잠시 기다렸다. 무슨 대답을 기대한 건 아니었다. 몇 분도 채 흐르지 않았는데, 갑자기 따뜻한 기운이 내 영혼을 휘감았다. 아무 말 없이 응시하고 계시는 하나님의 로맨틱한 눈빛이 느껴졌다. 하나님과 나만 있었고, 우리 둘이 데이트를 하는 듯했다. 마치 영화 속 한 장면처럼 황홀했다. 서로 아무 말 하지 않고 서로의 존재만을 기뻐했다.

아버지나 친구가 되시는 하나님에 대해선 익숙했다. 이렇게 로맨틱한 '남편'의 모습으로 다가오실 것이란 기대를 하지는 못했던 것 같다. 이날 이후, 하나님이 새 이름을 붙여 주셨다. 지금 유튜브에서 활동하고 있는 닉네임인 '헵시바'다.

"내가 너를 나와 결혼한 사람처럼 여기겠다. 너의 존재로 기쁘다"(사 62:4-5 참조).

내가 하나님과 결혼한 사이라니! 하나님이 나의 신랑이 되신다니! 새롭게 태어난 기분이었다. 비밀의 연인이 생긴 것 같았다. 주변에서 남자 친구가 생겼냐는 질문을 받았다. 내가 사랑에 빠진 사람처럼 보인다고 했다. 그럴 만도 했다. 하나님과의 로맨스는 군이 남자 친구를 만들어야 할까 싶을 만큼 짙은 농도로 다가왔다. 신기하게도 이 일이 있은 후 몇 달 뒤 남편과 교제를 시작하게 되었다. 지금도 가장 감사한 건, 육신의 남편을 만나기 전에 주님의 신부라는 정체성을 먼저 갖게 된 것이다.

언제나 참 신랑 되신 하나님과의 관계가 내 마음을 지켜 주었다. 하나님께 공급받은 사랑으로 육신의 남편과의 관계도 건강하게 세워 나갈 수 있었다. 하나님과의 관계에서의 만족도가 높으면 높을수록, 눈에 보이는 육신의 남편과도 더 연합하고 사랑할 힘과 지혜가 채워졌다.

•• 한 줄 정리 ••

이 땅의 결혼은 하나님과의 언약 관계에 비하면 작은 모형이다. 하나님과 결혼한 '헵시바'의 정체성을 누려 보자.

•• 기억할 말씀 ••

아름답기만 한 그대, 나의 사랑, 흠잡을 데가 하나도 없구나(아 4:7, 새번역 성경).

•• 나눔 ••

인간적인 로맨스보다 하나님과의 로맨스를 더욱 사모한 적이 있는가? 하나님을 이용하려고 하기보다 그분의 존재 자체로 만족했던 경험을 나누어 보자.

그 사람이 좋아서 미쳐 버릴 것 같아요

관계의 우상 제거하기

○ ○ ○

"저는 오히려 좋아하는 사람이 없을 때 하나님과 잘 지내요. 그런데 이성 교제에 사로잡히면 정신을 못 차려요. 하나님께 기도하다가 하나님이 '네가 원하는 감정을 다 적어 봐'라고 하셨어요. 그래서 시키시는 대로 해 봤더니 그제야 보이더라구요. 이게 하나님한테 얻을 수 있는 감정이지 사람한테 얻을 수 있는 게 아닌데 싶었어요."

이성 교제를 시작하면서 상대에 대한 집착이 심해지는 경우가 있다. 연애를 본격적으로 시작하기도 전인데 상대에 대한 생각을 주체할 수 없다. 진정으로 나를 만족시켜 줄 누군가를 부지런히 찾아 헤맨다. 그러나 하나님에게서만 얻을 수 있는 영혼의 만족을 이성 교제를 통해 추구한다면, 분명한 우상 숭배의 죄가 된다. '뭐 그렇게까지 심하게 말하나' 싶다면 다음 말씀을 참고하자.

"내 백성이 두 가지 악을 행하였나니 곧 그들이 생수의 근원 되는 나를 버린 것과 스스로 웅덩이를 판 것인데 그것은 그 물을 가두지 못할 터진 웅덩이들이니라"(렘 2:13).

여기서 하나님은 두 가지를 지적하셨다.

1. 하나님을 버림

하나님을 마셔도, 마셔도 목마르지 않는 생수에 비유하셨다. 아니, 하나님은 생수의 '원천'이시다. 하나님의 백성이 그 하나님을 의지적으로 버리기로 선택했다. 하나님은 버림당하셨 다. 우리의 근본 뿌리를 버린 행위는 분명한 잘못이다.

2. 다른 우상을 추구함

하나님을 버린 것이 끝이 아니다. 'A남자(여자)를 만나면 물 이 나오지 않을까? B남자(여자)를 만나면 생수가 터지지 않을 까?' 하며 여기 기웃, 저기 기웃거렸다. 아니, 직접 적극적으 로 가담해 웅덩이를 팠다. 금방이라도 생수가 터져 나올 것 만 같았다. 그러나 그 정체는 '터진 웅덩이'였다. 터진 웅덩이 에는 결코 물이 고일 수 없다. 그럼에도 이 어리석은 행동을 반복했다.

이사야서를 보면 우상을 만드는 재료는 '땔감용' 나무였다 (사 44:15). 나무 일부는 불을 피워 고기를 굽는 용도이고, 그 나머지로 우상을 만들었다는 것이다. 고작 땔감을 귀하게 여길 사람이 누가 있는가. 그러나 사람들은 땔감으로 우상을 만들며 그럴싸하게 의미를 부여하고, 거기에 스스로 경배하기를 반복한다. 도대체 왜 이렇게 어리석게 행동하는 것일까?

솔직하게 하나님은 막연히 어렵다면, 우상은 좀 더 손쉬워 보인다. 하나님은 내 뜻대로 움직여지지 않지만, 우상은 좀 더 내 뜻대로 좌지우지할 수 있어 보인다. 하나님의 사랑은 만져지지 않지만, 사람의 사랑은 좀 더 피부에 와 닿는다. 하나님은 나의 통제 밖이시다. 왜 기도 응답이 속히 이루어지지 않는지, 어떻게 하면 하나님의 마음에 들 수 있을지 예측불허다. 그러나 우상이 나에게 요구하는 것은 없어 보인다. 아니, 우상이 원하는 듯한 욕구를 만족시켰을 때는 마치 게임의 보상처럼 막연히 '좋은 것'들이 나에게 쏟아질 것 같다.

결국 우리가 그토록 자주 우상 숭배에 빠지는 이유는 '자기중심성' 때문이다. 우상은 내 마음대로, 내 뜻대로 조작이 가능해 보인다. 그래서 우상 숭배는 하나님보다 나 자신을 더 사랑한 결과다. 자아를 포기하지 않아도 되는 달콤함 때문에 하나님보다는 우상을 선택한다.

그러나 우상의 결과는 분명하다. 허무하고 무익하며, 결국 수치를 가져다준다(사 44:9). 오해하지 말자. 연인 관계에서 상대를 우상으로 삼았다면 바로 헤어져야 한다는 의미가 아니다. 다만, 반드시 하나님께로 마음을 돌이키지 않는다면, 결국 그 관계는 우리의 수치가 될 것이다. 팀 켈러(Timothy J. Keller)는 《팀 켈러의 내가 만든 신》(두란노서원, 2017)에서 말했다. 내가 만든 신은 반드시 나를 배반한다고. [2]

우상 숭배를 금지하는 것은 다름 아닌 십계명의 '첫 번째' 계명이다. 하나님은 "너는 나 외에는 다른 신들을 네게 두지 말라"(출 20:3)고 말씀하셨다. 단순히 다른 신을 의지하지 말라는 뜻이 아니다. "내가 너를 이토록 사랑하는데 너도 나를 사랑해 주겠니?"라는 하나님의 끓어오르는 사랑 고백이다.

그렇다면 상대가 관계의 우상인지, 아닌지를 어떻게 점검할 수 있을까? 다음 사항을 체크해 보자.

1. 나는 상대와의 관계에 집착하고 지나치게 불안해하며 전전긍긍하는가?

   하나님이 주시는 마음은 평안이다(렘 29:11).

2. 내가 상대에게 쓰는 시간과 감정의 에너지만큼 상대에게서 돌아오지 않을 때 심각하게 좌절하고 분노하는가?
   나의 유익을 구한다면 사랑이 아니다(고전 13:5).

3. 하나님만 채우실 수 있는 마음의 공간을 상대로 채우려고 하다가, 가끔씩 허무하고 아무 유익이 없다고 생각되는가?
   우상의 대표적인 특징은 허무함과 수치다(사 44:9).

4. 상대를 사랑하면서 하나님과는 점점 멀어지고 있는가?
   하나님은 사랑 그 자체시다(요일 4:8). 엄밀한 의미에서, 하나님 없이 하는 사랑은 온전한 형태일 수 없다.

관계의 우상을 언급하면 꼭 나오는 말이 있다.

"우리는 부족한 존재이기에 하나님이 아닌 한 공허함을 채울 수 없다는 것도 잘 압니다. 그래도 사랑하는 이성과의 관계에서 서로 신뢰하고 의지하기도 하는데, 그 부분이 어디까지가 가능한 걸까요? 조금 애매합니다. 집착하지 않는 관계라면, 별로 안 좋아하는 것 아닐까요?"

사람을 사랑하지 말아야 한다는 의미로 오해한 질문이다. 관계의 우상을 내려놓아야 한다는 말은 하나님을 사랑하기에 사람을 배척하라는 뜻이 아니다. 오히려 하나님을 '기초'로 사랑해야 한다는 의미다. 하나님을 향한 사랑이 깊어지면서 서로를 향한 사랑도 동시에 깊어져야 마땅하다. 이것이 참 사랑의 표식이다. 상대와의 관계가 하나님과의 관계와 동시에 성숙하고 있는지를 점검해 보면 분별이 가능하다.

•• 한 줄 정리 ••

나 자신을 우상으로 삼는 것이 모든 우상의 핵심 뿌리다.

•• 기억할 말씀 ••

우상을 만드는 자는 다 허망하도다 그들이 원하는 것들은 무익한 것이거늘 그것들의 증인들은 보지도 못하며 알지도 못하니 그러므로 수치를 당하리라(사 44:9).

•• 나눔 ••

당신이 우상에게 기대하는 것이 결국 나 자신을 위한 일임을 인정하는가? 지금 관계가 우상인지 정직하게 점검해 보자.

더 이상 사랑에 실패하고 싶지 않아요

사랑의 결정권을 맡기라

* * *

사랑이 실패하는 까닭은 우리 힘으로 하려고 했기 때문이다. 우리는 "주 안에서 사랑하라"는 말을 익히 들어 왔다. 이 말의 의미를 디트리히 본회퍼(Dietrich Bonhoeffer)의 묵상을 통해 자세히 살펴보자. 그는 '혼적인 사랑'과 '영적인 사랑'을 구분해서 설명한다.[3]

1. 혼적인 사랑

    내 힘으로 하려는 사랑이다. 자기 자신 때문에 다른 사람을 사랑한다. 결국 자신에게 매여 있는 사랑, 모든 사랑을 동원해서 획득하고 정복하고 지배하려는 사랑, 다른 사람의 사랑을 갈망하지만 내가 그 사람을 섬기지는 않는 사랑이다.

2. 영적인 사랑

모든 통로가 예수님 때문에 사랑하는 사랑이다. 사랑의 동기, 사랑을 하는 방법, 사랑에 대한 결정권까지도 예수님께 있다.

먼저, 혼적인 사랑은 자기 자신이 우상이다. 내가 중심에 있고, 상대는 내가 원하는 모양으로 맞춤옷이 되었으면 한다. 그러다가 마음대로 안 되면 강요하거나 상대의 삶에 개입한다. 이 방법도 실패한다면 분노하고 미워하고 끊임없이 비난한다. 즉 상대를 내 욕구를 채워 줄 사업 파트너로 여기는 것이다. 그래서 혼적인 사랑을 하는 사람은 절대로 '내 원수'를 사랑할 수 없다. 사랑의 동기가 '나 자신'이기 때문에 내가 기대하는 바가 충족되지 않으면, 그 사랑은 끝나게 된다.

그럼 영적인 사랑은 무엇일까? 내가 그 사람을 사랑하기 이전에, 하나님이 상대를 온전하게 사랑하심을 전제하는 사랑이다. 그러므로 내 힘과 방식대로 사랑을 하는 것이 아니라, 상대를 목숨처럼 사랑하시는 하나님께 그 사람을 어떻게 사랑해야 되는지를 먼저 묻게 된다. 사랑의 결정권을 하나님께 맡기면서 하나님께 청종하는 태도로 나아간다. 내가 그 사람과 직접적인 관계를 추구하는 것이 아니라, 그 사람과 내 안에 그리스도가 계시므로 우리의 관계 가운데 그리스도가 계신다는 전제 아래 그리스도를 통해서 상대와 접촉하는 것이다.

즉 그 사람을 '중보'하는 태도로 사랑해야만 성공할 수 있다는 의미다. 도움을 줄 때도 내 힘으로 하면 안 되고, '중보'를 통해서 먼저 하나님께 의뢰하고 그다음에 하나님이 그 사람에게 먼저 일하실 수 있도록 하는 것이다. 그래서 이러한 사랑에는 구속과 집착이 있을 수가 없다. 상대를 가장 사랑하시는 하나님이 직접 그 사람을 도와주실 것이라는 믿음이 전제되기 때문이다. 결국 상대의 모습 그대로를 수용하고 인정하고 받아 줄 수 있는 공간이 생기고, 상대를 자유롭게 해 줄 수 있다.

본회퍼가 말한 다음 문장을 꼭 음미해 보기를 바란다.

"따라서 영적인 사람은 형제와 함께 그리스도에 관해 말하기보다는 그리스도와 함께 형제에 관해 말할 것입니다."

•• 한 줄 정리 ••

그 사람을 '중보'하는 태도로 사랑해야만 성공할 수 있다.

•• 기억할 말씀 ••

나를 떠나서는 너희가 아무것도 할 수 없음이라(요 15:5).

•• 나눔 ••

다른 사람을 위한 중보가 유일한 사랑의 길임을 인정하는가? 기도를 통해 사랑하는 방법을 알게 되고, 사랑이 전달되었던 경험을 나누어 보자.

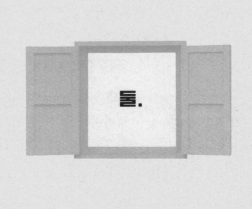

사랑의
기본 개념

〰

바운더리 심리학

사랑의 기본 개념부터 알려 주세요

사랑의 바운더리

* * *

이성 교제도 인간관계의 일종이다. 인간관계는 결국 하나님과의 관계성에 뿌리를 둔다. 하나님이 하시는 사랑은 언제나 옳다. 그 방법 그대로 본뜨면 무조건 성공한다.

하나님은 우리가 기도하고 싶지 않을 때 억지로 기도하라고 강요하지 않으신다. 순종하지 않을 때 내버려 두신다. 그러다가 하나님을 믿지 않기로 결정한다면? 그 생각 또한 받아들이신다. 놀라운 수준의 존중이지 않은가. 이 땅의 많은 비신자의 결정 또한 수용해 주시는 것이다. (물론 그에 따른 책임도 각자에게 주어진다.)

쉽게 말해서, 하나님은 '선'을 넘지 않으신다. 결코 몰아세우지 않으신다. 하물며 창조주가 이렇게 하시는데, 인간관계에서는 어떠한가? 극단적인 사례로 독재자를 떠올려 보자.

"너, 나를 따르지 않아? 무슨 수를 써서라도 나에게 복종하게 만들 거야.”

피지배자는 꼭두각시 인형이 되어야만 살아남는다. 독재자를 자발적으로 따르는 사람은 없다. 복종과 사랑을 통제하는 자리에서 순수한 사랑의 기쁨은 메말라 버린다. 인격적인 존중 따윈 없다. 껍데기만 존재할 뿐이다.

어쩌다 상대를 사랑하기 시작했다. 사랑을 해 준다는 이유로 권력을 거머쥔다. 내 마음대로 상대를 쥐 잡듯이 잡고 이를 바득바득 간다.

- 요구하기: “내가 너를 위해 100만큼 고생했으니, 너는 나에게 130을 돌려줘.”
- 통제하기: “내가 너를 이만큼이나 사랑하니까 다른 사람하고 연락하지 마.”
- 조종하기: “내가 너의 생일에 선물을 줬잖아. 기억하지?”
- 교묘한 방식으로 눈치 주기: 비언어(싸늘한 표정, 냉랭한 말투 등)로 표현되는 경우가 많다.

이는 다른 사람의 선을 넘는 행위다. 사랑은 그야말로 상대가 ‘하고 싶을 때’ 하는 거다. 보상을 바라는 순간, 사랑이 아닌 계약이 된다. 선을 넘은 관계는 반드시 파괴된다. 어느 누구도 다른 사람의 마음 문을 함부로 여닫을 수 없다. 다른 사람의 감정과 생각, 선택은 '그 사람 마음대로' 해야 되는 영역이다.

나라 사이에는 국경선이 있고, 도로 사이에는 교통 구분선이 있다. 국경선을 침범하면 전쟁이 발발하고, 교통 법규를 어기면 교통사고가 난다. 인간관계도 똑같다. 가까운 사이일수록 선을 침범하는 문제는 더 교묘한 형태로 일어나기에, 반드시 조심해야 한다. 이는 심리학 용어인 '바운더리'(personal boundaries, 경계선)라는 개념과 관련이 있다.

바운더리

- 물리적 범주: 개인 공간, 신체 접촉 여부
- 정신적 범주: 생각, 의견
- 정서적 범주: 느낌

인간관계에서 가장 눈에 띄는 경계선은 신체적인 영역이다. 친하지 않은 사람이 밀착해 오면 불편해진다. 일반적인 관계에서는, 한쪽 팔을 뻗은 정도로 상대와 거리를 두라는 지침도 있다. 폭력이나 성범죄는 신체의 경계선을 침해한 대표적인 사례다. 하나님은 이에 대하여 엄중한 대가를 치르게 하신다.

심리적인 경계선은 신체에 비해 간과하기 쉽다. 사람은 하나님의 형상으로 지으심을 받았다. 이는 '인격적' 존재라는 의미다. 어렵지 않다. 자기만의 '생각'과 '느낌'이 존재한다는 뜻이다. 마치 사유 재산처럼 각자의 인격적 영역을 존중해 주어야 마땅하다.

로미오와 줄리엣이 왜 그토록 격렬한 사랑에 빠졌는가? 양쪽 집안의 강압적인 반대 때문이었다. 바운더리를 침해받은 것이다. 누군가 잘못된 사랑을 하고 있다 한들, 이렇게 직접적인 개입은 상처를 낳는다. 조용히 기도해 주는 게 최선일지 모른다.

다음은 건강하지 않은 바운더리 침해의 예시다.

- "오늘 점심은 '자장면'으로 통일해서 시키자!"
  사소하게 보여도, 상대의 의사를 무시한 행위일 수 있다.
- "썸 타는 사이니까 이 정도 스킨십은 이 사람도 좋아하겠지?"
  신뢰감이 형성되어 있지 않은 관계에서의 일방적인 신체 접촉은 위험할 수 있다.
- "남자 친구니까 이 정도 약속 취소는 너그럽게 이해해야 하는 거 아닌가요?"
  '시간'도 다른 이의 고유한 영역으로 존중해야 한다.
- "나와 다른 정치적 입장을 이야기하면, 모욕을 주고 싶어요!"
  내 생각이 옳다고 느껴지더라도, 상대에게 일방적으로 주입 시킬 수는 없다.

- "연인이 혼자 있고 싶다는데, 저는 지금 대화를 해야겠어요!"

  강요, 통제, 압박은 어떠한 상황에서도 선을 넘는 행위다.

사랑을 요청할 수 있다. 그러나 강요할 수는 없다. 강요와 요청을 헷갈려서는 안 된다. 누군가의 마음 문을 두드리는 행위는 참으로 용기 있는 일이다. 서로의 문을 사랑 가운데 노크하자. 그러나 정말 중요한 건 그다음이다. 어떤 응답이 돌아올지라도 반응을 자유롭게 인정해 주어야 한다. 혹여 싸늘한 '거절'일지라도 말이다. 이러한 인격적 존중이 진정한 사랑의 출발선이다.

•• 한 줄 정리 ••

하나님은 우리 마음의 문 안으로 함부로 침범해 들어오지 않으신다. 마찬가지로 바운더리를 존중하는 것은 인간관계의 기본이다.

•• 기억할 말씀 ••

볼지어다 내가 문 밖에 서서 두드리노니 누구든지 내 음성을 듣고 문을 열면 내가 그에게로 들어가 그와 더불어 먹고 그는 나와 더불어 먹으리라(계 3:20).

•• 나눔 ••

나의 인간관계는 어떠한가? 가까운 사람의 선을 함부로 침범한 적은 없는가? 사랑을 강요한 적은 없는가?

건강한 바운더리는 어떻게 설정하나요?

건강한 관계의 기초

＊ ＊ ＊

바운더리는 인간관계의 핵심이다. 쉽게 말해, 연인 사이에서는 상대가 얼마큼 나에게 맞추길 바라고, 나는 얼마큼 상대에게 맞춰 줄지를 결정하는 과정이다. 우리는 나와 타인이 친밀감을 누리면서도 각자의 정체성을 잃지 않는 건강한 지점을 인식해야 한다. 건강한 바운더리를 설정하면 상대와 나 모두를 보호할 수 있다. 나를 전부 포기해서도 안 되고, 상대에게 내 요구만을 강요해서도 안 된다.

앞서 하나님과의 관계는 인간관계의 근간을 이룬다고 했다. 하나님과의 관계에서 어떤 바운더리를 설정해야 하는지 나누어 보자. 다음 그림은 건강하지 않은 바운더리의 예시다.

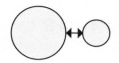

그림 1
분리된 바운더리

그림 2
침해된 바운더리

그림 3
흡수된 바운더리

1. 분리된 바운더리

   하나님과 일정 간격이 존재한다면 친밀감을 누릴 수 없다. 대부분의 비신자들이 지니고 있는 바운더리다. 크리스천들도 해당한다. 하나님과 거리를 두고, 내 삶의 문제를 하나님께 의탁하지 않는 모습이다. 이런 사람은 만사가 자신의 통제 아래 있다고 생각하기 때문에 가중한 책임을 떠맡고 있다.

   "아, 하나님? 저리 좀 비켜 계세요. 제가 알아서 할게요."

2. 침해된 바운더리

   하나님의 바운더리를 침해한다. 하나님께 불평과 원망을 쏟아 내거나 기도 응답을 강요하기도 한다. 하나님을 쉽게 판단하고 재단한다. 하나님의 생각은 무시하고, 내 소견에 옳은 대로 행동한다. 하나님의 감정과 생각의 바운더리를 함부로 넘나든다. 이런 사람은 개인의 책임을 외부 탓으로 돌리기 쉽다.

   "솔직히 저는 그 성경 말씀은 틀렸다고 생각해요."

3. 흡수된 바운더리

맹목적인 신앙생활을 한다. 하나님께 나의 모든 책임을 떠맡
긴다. 기도로 요청하거나 순종하지 않아도 일이 어련히 잘 풀
리겠거니 생각한다. 혹은 하나님께 나의 생각과 감정을 표현
하는 것을 두려워하고, 하나님이 시키시는 대로만 해야 할 것
같아 주저한다. 이런 사람은 자신의 책임 의식과 독립성을 인
정하기 어려워하고, 타인과 자신을 적절히 분리할 줄 모른다.
"어차피 하나님 마음대로 하실 텐데, 제가 기도해서 뭐 하나
요? 저희는 수동적인 피조물일 뿐이잖아요."

건강한 바운더리는 다음과 같다.

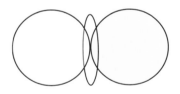

그림 4
건강한 바운더리

하나님과 맞닿아 있다. 시시때때로 하나님께 요청하고, 하
나님도 응답하신다. 때로 하나님이 응답하지 않으실 때도 있

지만, 그건 하나님의 '자유'다. 하나님께 자발적으로 순종을 내어 드리고, 예배를 드린다. 어떤 보상을 바라는 관계가 아니다. 정말 그러고 싶어서, 내켜서 하는 관계다.

하나님의 존재를 인정해 드리지만, 우리 선에서 할 수 있는 최선의 삶을 살아 낸다. 내 공간에서의 책임을 다하는 삶이다. 내 삶에 책임을 지는 동시에, 하나님께 도움도 요청한다. 간혹 하나님이 우리에게 도움을 요청하실 수도 있다. 자발적으로 순종하는 마음으로 응답한다.

•• 한 줄 정리 ••

하나님과 분리되었거나, 하나님을 침해하거나, 하나님께 흡수되어 버린 바운더리는 건강하지 않다. 이것이 바로 '죄'다.

•• 기억할 말씀 ••

하나님을 알되 하나님을 영화롭게도 아니하며 감사하지도 아니하고 오히려 그 생각이 허망하여지며 미련한 마음이 어두워졌나니(롬 1:21).

•• 나눔 ••

나는 하나님과 건강한 바운더리를 형성하고 있는가? 하나님과 분리되어 있고 싶을 때는 언제인가? 하나님의 영역을 침해한 적은 없었는가? 하나님이 맹목적인 신앙을 바라신다고 오해한 지점은 없었는가? 나는 하나님과 주로 어떤 바운더리를 형성하고 있는지 나누어 보자.

감정적인 사람은 불편해요

감정의 바운더리

⚙ ⚙ ⚙

남녀가 다투는 이유 중에 하나는 서로의 감정을 존중하지 않았기 때문이다. 한쪽에서 '감정'을 바라보는 시각이 건강하지 않다면 지속적으로 관계에서 만족감을 누리기가 힘들어진다. '감정'의 영역에서 상대의 바운더리를 존중할 준비가 되어 있는지를 점검해 보자.

- "너는 기분이 나쁠 이유가 없어." → "네 입장에선 어떤 감정이든 느낄 수 있어."

  감정의 정당성을 인정해 주어야 한다.

- "네가 느끼는 감정은 적절하지 않아." → "틀린 감정이란 없어."

  감정은 다른 이가 비난하거나 관여할 수 없다.

- "감정은 관계를 방해해." → "어떻게 느꼈는지 감정을 이야기

해 보자."

자기감정을 충분히 인지하고 대화하면 관계가 풍요로워진다.

- "부정적인 감정은 옳지 않아. 억압해야 해." → "감정을 건강하게 해소해 보자."

  모든 감정은 개별적인 역할이 있다. 부정적인 감정 또한 마찬가지다. 두려움은 안전을 위한 신호이고, 분노는 바운더리가 침해당했음을 알려 주기 위함이고, 슬픔을 통해서는 깨달음을 얻는다.

- "내가 원하는 기분만 느껴야 해." → "네 기분의 주인은 너야."

  각자의 감정은 자기만의 고유한 영역이다. 다른 사람이 억지로 바꿀 수 없다.

- "울지 마! 화내지 마!" → "울고 싶구나. 화가 나는구나. 그럴 수 있어. 미안해."

  다른 이의 감정을 강요할 수 없다. 그렇게 느끼게 했다면 사과해야 한다.

모든 감정의 역할을 인정하고 수용한 후 해소해야 한다. 따라서 다른 이의 감정을 존중해야 한다.

주로 남녀 관계에서 감정을 더욱 존중받고 싶어 하는 것은 여자 쪽이다. 남자에게 감정적인 존중이 필요 없다는 뜻은 아니다.

남자도 충분히 감정적으로 변할 수 있고, 남자의 감정도 수용받아야 마땅하다. 다만, 일대일 남녀 관계에서 우선순위의 욕구로서 여자의 감정을 먼저 인정해 줄 때 관계가 평화로울 수 있다.

남자는 여자를 행복하게 해 주고 있는지에 대한 관심이 지대하다. 그래서 손쉽게 기분을 바꾸려는 노력의 일환으로 '해결책'을 제시하는 경우가 많다. 가장 기본적인 감정의 존중 없이 하는 조언은 여자에게 더 가중된 스트레스를 불러올 뿐이다. 여자의 감정을 우선적으로 존중하고 살피기 시작할 때 건강한 관계가 유지된다.

•• 한 줄 정리 ••
예수님도 모든 감정을 느끼셨다. 감정은 하나님의 선물이다.

•• 기억할 말씀 ••
예수께서 눈물을 흘리시더라(요 11:35).

•• 나눔 ••
하나님이 부정적인 감정을 수용해 주신 경험이 있는가? 나는 나의 감정을 있는 그대로 수용하고 있는 편인가? 감정을 억압하거나 회피하면 어떤 부작용이 있을지 나누어 보자.

나와 다른 생각을 주장하면 화가 나요

생각의 바운더리

○ ○ ○

■ 동등하게 의견 주고받기

남녀가 서로 만나다 보면 의견이 부딪히는 순간이 반드시 존재한다. 앞서 언급했듯이 '생각'의 공간도 자기만의 고유한 영역이기 때문에 당연히 차이가 발생한다. 그럴 때 어떻게 해결할 것인가? 내 말만 맞다고 우길 것인가? 스펀지처럼 상대의 의견을 흡수하기만 할 것인가? 이번에는 '생각'의 바운더리를 서로 존중할 준비가 되어 있는지를 점검해 보자.

다른 이의 의견을 무비판적으로 수용하거나, 무조건 배타적으로만 여기는 것은 건강하지 않다. 사람들과 열린 마음으로 생각을 토론할 수 있어야 한다.

- "이 생각은 무조건 내 말을 들어." → "설득하기 위해 구체적

인 근거를 제시해 볼게. 반대 의견이 있으면 말해 줘.”

나와 다른 생각이 있다면 귀를 기울여 경청하고 근거를 제시해 설득하고 토론해야 한다.

- “네 생각은 쓸데없어.” → “너처럼 생각할 수도 있구나!”

  하나님이 주신 생각의 능력을 존중해야 한다.

- “다양한 의견은 필요하지 않아.” → “여러 가지 의견을 내 보자.”

  다양한 의견을 수렴하면 더 좋은 결과를 가져올 수 있다.

- “네가 이기나 내가 이기나 토론해 보자.” → “네 생각의 일정 부분을 동의해. 추가 의견이 있는데 한번 들어 봐 줄래?”

  생각은 승부 게임이 아니다. 함께 대화함으로써 생각을 확장시켜 갈 수 있다.

- “(말을 자르며) 당신의 의견은 필요 없어.” → “(끝까지 경청하며 반영한다) 네 의견은 ~라는 거지?”

  의견을 표현하지 못하게 막는 것은 상대의 사고를 존중하지 않는 독선적인 태도다.

누군가와 생각을 주고받는 과정에서 일방통행은 위험하다. 만약 상대의 생각에 70% 동의했다면 그 부분에서 동의를 표하자. 다만, 30%의 이해되지 않는 부분에서는 다른 의견을 제시할 수 있다. 서로 다른 의견을 듣고 수렴하는 과정을 거쳐야 동등한 협력 관계가 될 수 있다.

주로 남녀 관계에서 생각을 더욱 존중받고 싶어 하는 것은 남자 쪽이다. 주의할 점은, 여자가 무비판적으로 남자의 의견을 수렴해야 한다는 뜻이 아니라는 것이다. 다만, 일대일 독점적인 남녀 관계에서 갈등이 생겼을 때는 남자의 생각에 우선적으로 무게를 두는 쪽으로 해결할 때 갈등의 실마리를 풀기가 쉽다. 먼저 남자의 생각의 당위성을 인정해 준 다음에, 여자가 의견을 제시하는 훈련을 해 보자.

■ 건강하게 거절하기

그런데 상대를 거절하는 행위 자체를 크리스천답지 못한 행위라고 잘못 여기는 경우가 있다. 다음과 같은 경우다.

"날 좋아한다고 하면서 쫓아오더라구요. 저는 너무 부담스럽고 싫었어요. 그런데 왜인지 거절하지 못하겠어요. 제가 품어 주고 받아 줘야 할 것 같은 압박감을 느껴요. 크리스천이라면 거절을 하면 안 되는 것 아닌가요? 혼란스럽습니다."

'바운더리'라는 심리학 개념을 성경적으로 풀어낸 책이 있다. 《No라고 말할 줄 아는 그리스도인》(좋은씨앗, 2017)이라는 책인데,[4] '착한 아이 콤플렉스'가 있는 크리스천에게 강력하게 추천한다. 여기에 무엇이든 순응해 주는 착한 아이 크리스천의 사례가 나온다. 요약하면, 거절하지 못하는 행위는 하나님이 원하시는 선한 일이 아니라는 것이다.

다른 이의 바운더리를 침해하지 않는 것만큼, 스스로의 바운더리를 지켜 내는 책임 의식도 중요하다. 하나님은 분명 우리에게 인생의 집을 맡기시면서 '책임'을 요구하셨다. 우리 각자에게 신체, 재능, 환경, 지식, 물질 등 우리 '인생'을 맡겨 주셨는데, 우리는 우리 삶 전부가 하나님의 것임을 알고 그것을 잘 돌볼 책임이 있다.

그래서 우리는 먼저, 각각 자기 일을 돌보아야 한다(빌 2:4). 성경은 분명히 자기 일을 돌본 후에 다른 사람들의 일을 돌보라고 한다. 즉 우리 각자의 집부터 청소하고 가꾸어 나가야 하는 책임이 있다. 왜냐하면 우리 마음은 하나님을 만나는 생명의 근원이 되는 장소이기 때문이다.

크리스천들의 깊은 오해 중 하나는 무조건 "사랑하라"는 율법에 갇히는 것이다. 그러나 내 방에 함부로 쳐들어오는 사람을 쉽게 허용하는 것은 일차적으로 내 집을 잘 관리할 책임을 저버리는 것이다. 이것은 결코 착하고 선한 사업이 아니다. 오히려 내 인생에 대해 무책임한 자세이며, 지혜롭지 못한 처사다.

사랑은 하나님이 주신 책임이 맞다. 그러나 우리가 해야 할 분량과 영역에서의 사랑의 한계를 모른다면, 크리스천으로 살아가는 삶은 날이 갈수록 피곤하고 버거워지고 말 것이다. 내 집 먼저 관리하고 책임지지 못해 마음이 병드는 것은 하나님이 원하시는 크리스천의 삶이 아니다.

•• 한 줄 정리 ••

사고력은 하나님이 주신 선물이다. 또한 내 마음의 바운더리 또한 책임 의식을 갖고 지켜 내자.

•• 기억할 말씀 ••

모든 지킬 만한 것 중에 더욱 네 마음을 지키라 생명의 근원이 이에서 남이니라(잠 4:23).

•• 나눔 ••

나는 다른 이의 고유한 의견을 편견 없이 듣는 편인가? 나는 나의 바운더리를 책임감 있게 지키는 사람일까? 그렇지 못했던 경험을 나누어 보자.

내면의 상처를 치유받아야 한다구요?

바운더리를 침해당했을 때

○ ○ ○

건강하게 사랑을 주고받기 위해서는 우리 내면의 상처를 치유해야 한다. 앞서 언급했듯이 우리의 인격적 바운더리는 존중받아 마땅하다. 하나님도 우리를 마땅히 그렇게 대우하셨기 때문이다.

아쉽게도, 이 땅은 에덴동산이 아니다. 필연적으로 죄와 사망의 그늘 아래에서 개인적인 바운더리를 침해받는 일들이 생겨난다. 의아할 일이 아니다. 성경에서도 오히려 의인은 고난이 많다고 했기 때문이다(시 34:19상). 마치 교통사고를 당한 자동차처럼, 사소한 사고일지라도 차체에 금이 갔거나 찌그러졌다면 수리를 받아야 한다. 의인은 고난이 많지만, 하나님이 그의 모든 고난에서 건지신다는 약속을 의지하며 나아가야 한다(시 34:19하).

다만, 유의 사항이 있다. 상처를 직면하는 작업은 상처를 입힌 누군가에게 책임을 묻거나, 보복하거나, 그를 미워하기 위함이 아니다. 오히려 원수 갚는 것은 하나님의 일임을 분명히 깨닫고 용서하는 과정이다(롬 12:19). 다음은 우리가 우리의 상처를 하나님께 토로해야 하는 이유다.

1. 하나님의 사랑을 왜곡하지 않은 형태로 받아들이기 위해서다. 내면의 상처를 치유받지 않으면 끊임없이 하나님을 오해하게 된다. 시편 기자도 "주여 어느 때까지 관망하시려 하나이까"(시 35:17)라고 고백했다. 상처받은 영혼은 하나님을 방관자나 학대자로 둔갑시켜 버린다. 하나님의 자녀 됨을 마음껏 누리기를 어려워한다. 그보다 보상과 형벌이 뚜렷한 종교 행위에 집착하면서 하나님의 '종'이 되려고 한다.

2. 사랑하는 사람들에게 같은 상처를 대물림하지 않기 위해서다. 내면의 상처로 인해 찌그러진 영혼의 형상으로는 다른 이를 건강하게 사랑할 수 없다. 시편 기자는 "내 상처가 썩어 악취가 나오니 내가 우매한 까닭이로소이다"(시 38:5)라고 고백했다. '악취'의 히브리어 어원인 '바아쉬'는 상징적으로 '무례하다', '미움받다', '몹시 싫어하다'라는 뜻이다. 이는 상처

가 썩으면 다른 사람과의 관계가 건강할 수 없음을 암시한다.

3. 나 자신을 건강하게 사랑하기 위해서다.

    내면의 상처가 있으면 자기를 비하하고 자긍심을 잃게 된다. 시편 기자도 "나는 벌레요 사람이 아니라 사람의 비방거리요 백성의 조롱거리니이다"(시 22:6)라고 고백했다. 이는 "하나님이 지으신 그 모든 것을 보시니 보시기에 심히 좋았더라"(창 1:31)라는 말씀과 상반된다. 상처받은 영혼 그대로 머물러 있으면 끊임없이 자기를 비하하고 학대하고 방임하게 된다.

•• 한 줄 정리 ••

"하나님과 이웃을 사랑하라"는 계명을 지키기 위해서 내면의 상처는 하나님 앞에서 반드시 치유받아야 한다.

•• 기억할 말씀 ••

상심한 자들을 고치시며 그들의 상처를 싸매시는도다(시 147:3).

•• 나눔 ••

용기를 내어 하나님 앞에 치유의 기도를 해 보고, 하나님이 들려주신 음성을 나누어 보자.

하나님이 정말 치유해 주실 수 있나요?

치유를 위한 기도

○ ○ ○

시편에는 상처를 치유해 달라는 탄원 시들이 등장한다. 대부분의 탄원 시는 전형적인 형식이 있다. 첫째, 하나님께 불평과 슬픔과 원망을 내어 놓고 도움을 요청한다. 둘째, 하나님에 대한 신뢰가 회복되고 찬양을 드리면서 기도를 마친다. 이렇게 기도를 통해 하나님을 새롭게 만나고 상처를 치유받은 한 청년의 간증을 공유한다.

"기도회 시간에 눈을 감고 어린 시절의 저를 안아 주고 있었어요. 제가 경험했던 일들을 떠올리면서 그 시간을 버텨 낸 스스로를 위로하고 있었어요. 그때 하나님이 하얗고 깨끗한 옷을 입은 어린 아이를 보여 주셨어요. 사람들이 일으킨 먼지로 인해 옷과 온몸에 먼지가 쌓여서 형체가 보이지 않을 정도가 되었어요. 그런데 제가 스스로를 위로할 때마다 손으로 털어 내는 것처럼 먼지가 떨어지더라구요. 하지만 잠깐일 뿐 다시 먼지가 쌓여서 더러워졌어요. 아이의 앞에 고개를 땅에 처박고 엎드려 울고 있는 한 사람이 보였어요. 아이의 아빠 같았어요. 더러워진 아이를 보며 '이렇게 되는 동안 지켜 주지 못해서 미안하다' 하는 것 같았어요. 서럽게 울던 아이의 아빠 같은 사람이 먼지를 대신 털어 줄 거라고 예상했는데, 아예 그 옷을 양쪽으로 찢어 버렸어요. 옷의 먼지가 어느새 굳어서 피부에 박혀 버렸나 봐요. 찢어진 옷으로 인해 피가 나고 상처가 나 있는 게 보였어요. 그 상처를 깨끗하게 치료해 주고 새로운 옷을 입혀 주더라구요. 그건 처음에 봤던 것처럼 하얗고 깨끗한 옷이었어요.

그리고 하나님이 말씀을 하나 알려 주셨어요. '그런즉 누구든지 그리스도 안에 있으면 새로운 피조물이라 이전 것은 지나갔으니 보라 새것이 되었도다'(고후 5:17). 이 말씀을 알려 주신 순간 깨달았어요. 그 아이는 저 자신이었고, 지켜 주지 못해 슬퍼하던 아빠 같은 사람은 하나님이셨다는 사실을요. 이제 저는 과거에 매이지 않을 거라고 확신해요. 더 이상 과거의 일을 떠올리는 것이 고통이 되지 않게 되었어요."

우리는 우리 자신에 대해 필연적인 애착이 있다. 그 일만 없었다면, 혹은 더 좋은 일이 일어났다면 내 인생에 이런 흠집 따윈 없을 거라며 자기 연민에 빠지기 쉽다. 상처 준 사람을 탓하고, 책임을 물고 싶은 악순환의 고리에 갇혀 헤어 나오지 못하기도 한다. 하나님은 상처를 새롭게 해석해 주시는 분이다. 인간적으로는 도무지 되돌릴 수 없는 비극의 현장에서 하나님의 시선을 발견해 보았는가? 그 하나님이 죽음뿐이었던 무덤에서 부활의 새 옷을 입혀 주실 것이다.

앞서 공유한 간증은 특정한 사람에게만 일어나는 일이 아니다. 크리스천 청년들과 소통하면서 상처를 치유하시는 하나님을 수차례 함께 보고 듣고 있다. 당신도 당신 내면의 상처를 치유받기 원하는가? 다음에 제시하는 '치유를 위한 기도' 단계를 차례차례 밟아 나가 보자.

Step 1. 하나님 앞에서 문제의 근원이 되는 상처를 파악하기: 과거의 나로 돌아가기 → 감정을 토해 내는 토설 기도

- 가장 상처가 되었던 장면을 떠올리게 해 달라고 간구한다. 생각이 나면 그때 받았던 상처와 감정과 생각, 하나님에 대한 의문들까지 남김없이 하나님 앞에 토해 낸다. 구토를 하면 의식적인 생각을 할 여유 없이 배설물이 마구 나오듯이, 하나님 앞에 잘 보이려는 문장들로 표현하는 것이 아니라, 가감 없이 쏟

아 내는 것이 중요하다.

- 이 단계에서 제일 중요한 건 그때의 기억이 너무 괴롭더라도 기도를 끝내지 말고 계속 잠겨서 심령 깊은 곳에서 나오는 비탄과 분노, 원망과 두려움의 감정을 낱낱이 드러내는 것이다. 하나님은 우리의 상한 마음을 외면하지 않으시고, 오히려 '예배'로 받으신다는 믿음으로 나아가기를 권한다.

Step 2. 상처받았던 부분을 치유해 주시는 하나님을 만나 사랑받기: 결핍된 사랑을 하나님 아버지로 온전하게 충족받기

- 하나님은 이렇게 괴로운 시간에 어디서 무얼 하고 계셨는지, 떠오르는 모든 의문과 질문을 한다. 나에게 새롭게 들려주고 싶은 마음과 생각은 없으신지 하나님께 물어도 좋다. 기도 속에 계속 잠기면서 하나님을 구하고 찾는 기도를 멈추지 않는다.
- 하나님이 분명히 새로운 마음과 생각을 부어 주실 것이다. 마음에 평강이 갑자기 임하거나, 내가 생각지도 못했던 음성을 들려주실 수도 있다. 상처 난 그 자리에서 하나님을 다시 만나는 게 진정한 회복의 시작이다. '사람에게 받은 상처는 사람으로부터 치유한다'는 말이 있지만, 엄밀히 말해서 크리스천들은 '하나님과의 온전한 관계'에서의 안정감과 충족감을 통해서 다시 일어날 힘을 얻는다.

Step 3. 나에게 상처 주었던 사람들을 용서하기: 나 자신에 대한 거짓말을 끊어 내고 진리를 선포하기

- 하나님 앞에서 충분히 사랑을 누리고 난 후 마음에 평안함이 깊어질 때, 이 일들과 관계되었던 사람들을 용서하는 기도를 한다. 때로는 그게 나 자신일 수도 있다. 그들을 용서한다는 선포를 하면 된다. 마음이 평안해지면 그들을 용서할 수 있게 해 달라는 기도를 한다. 그들을 위해서가 아니라, 더 이상 내가 상처에 묶여 있지 않기 위해서, 자유한 삶을 살기 위해서 용서한다. 다만, 무리하거나 억지로 하거나 가식으로 할 필요는 없다. 성령님이 이끌어 주시는 만큼 하면 된다. 다만, 꼭 입술로 소리 내어 선포하자. 영적 질서는 우리의 언어를 통해 영향력을 발휘하기 때문에 반드시 입술로 선포해야 한다.
- 상처로 인해 잘못된 자아상을 가지고 있던 부분들, 왜곡된 부분들을 진리로 다시 선포하자. 사탄이 뿌려 놓은 거짓말을 찾아내 하나님의 말씀으로 나를 다시 세우자. 상처 때문에 나 자신에 대해 무가치하게 생각했고, 관계에 집착하게 되었고, 하나님이 아닌 다른 곳에서 목마름을 해갈하려고 했던 점을 회개하고 하나님이 바라보시는 내 모습대로 살아갈 수 있도록 진리를 선포하자.

더 이상 과거의 일을 떠올려도 힘들지 않을 때, 다른 사람과의 관계가 두렵지 않을 때, 무의식적인 방어 기제로 다른 사람에게 내가 받은 상처를 되돌려 주지 않을 때 그 상처로부터 온전히 치유받았다는 것을 스스로 확인할 수 있다.

온전히 마음이 괜찮아지기 전까지 치유를 위한 기도를 시간 나는 대로 반복하면 좋다. 처음에는 빙산의 일부를 성령님이 만져 주셨다면, 다음번엔 조금 더 구체적이고 세밀하게 만져 주시는 방향으로 나갈 것이다. 이렇게 꾸준히 기도하는 가운데 우리 안에 상처로 인해 묶였던 마음이 온전히 자유를 누리게 된다.

•• 한 줄 정리 ••

나와 하나님의 관계, 나와 다른 사람의 관계를 위해 치유를 위한 구체적인 기도로 나아가자. 특정 감정을 떠올리기가 괴롭더라도 끝까지 기도를 포기하지 않는 것이 중요하다. 치유를 위한 기도는 특정한 사람만 하는 기도거나, 한 번 하고 끝내는 기도가 아니다. 많이 할수록, 습관적으로 할수록 더 건강한 사랑을 할 수 있다.

•• 기억할 말씀 ••

나는 너희를 치료하는 여호와임이라(출 15:26).

•• 나눔 ••

내면의 치유를 위한 기도 제목이 있다면 나누어 보자. 생각해 본 적이 없다면 발견하게 해 달라고 기도하자.

셋.

연애를 시작하는
이들에게

ᘓᘓᘓ

건강한 사랑 연습

저는 매력이 없는 것 같아요

건강한 연애를 가로막는 낮은 자존감

○ ○ ○

"최근에 급격히 살이 쪄서 외모에 대한 자신감이 하락했어요. 이
성 앞에서도 작아져만 가요. 저 어떻게 하면 좋죠?"

■ 메뚜기 자존감

잠깐 민수기 속 이야기에 주목하자. 드디어 이스라엘 백성이
하나님이 약속해 주신 가나안 땅 정복을 앞둔 상황이다. 이스
라엘 12지파 중에서 한 명씩 뽑아 12명의 정탐꾼들을 가나안
에 파송했다. 그런데 12명 중에서 무려 10명이 그 땅을 악평
했다. 스스로를 '메뚜기'처럼 보잘것없다고 비하했다. 그 말
에 이스라엘 백성은 하나님을 원망했다. 이야기의 결론은 무
엇인가? 하나님은 그들에게 몹시 화를 내셨고, 결국 약속하신
땅으로 들어가지 못하게 하셨다.

아니, 자존감이 낮은 것도 억울(?)한데, 뭘 그렇게 잘못했다는 걸까? 다음 구절을 살펴보자.

"우리는 스스로 (1) '보기에도' 메뚜기 같으니 그들이 (2) '보기에도' 그와 같았을 것이니라"(민 13:33).

10명의 정탐꾼들이 주목한 것은 (1) 나 자신의 시선, (2) 타인의 시선이었다. 그런데 타인의 시선은 '같았을 것이다'라고 했다. 추측성 발언이다. 확실하지도 않은 거다. 실제로 타인의 시선이 어떠했는지 아는가? 하나님과 함께하는 이스라엘 백성이 온다는 소식을 듣고 정신을 잃었고(수 2:11) 마음이 녹았다(수 5:1). 무진장 두려워했다는 거다.

낮은 자존감의 원인이 어디 있는가? 핵심은 '관점'이다. 나를 어떠한 관점으로 바라보아야 하는가? (1) 나 자신의 관점인가, 아니면 (2) 타인의 관점인가?

■ 하나님의 관점

정답은 둘 다 아니다. 우리는 '하나님의 관점'으로만 봐야 한다. '하나님은 어떠한 시선으로 나를 바라보고 계시는가?' 여기에만 집중해야 한다. 나 자신과 타인의 시선이 그렇게 중요한가? 하나님의 마음은 참으로 썩어 문드러진다. 하나님을 도대체 얼마나 깔보고 있느냐 말이다. 무시도 이런 무시가 없다.

낮은 자존감은 결국 하나님의 관점으로 나를 바라보지 않은 결과다.

성경은 "고운 것도 거짓되고 아름다운 것도 헛되나 오직 여호와를 경외하는 여자는 칭찬을 받을 것이라"(잠 31:30)라고 말한다. 세속적인 아름다움은 관계에 만족을 줄 수 없다. 사람의 조건이라는 게 별것 없다. 성령 안에 있을 때 가장 빛난다. 자존감은 '하나님의 관점'을 인정하고 수용하느냐, 마느냐의 차이다.

성경적으로 자존감이란 '내 영혼을 건강하게 사랑하는 마음'이다. 얼마만큼? 하나님이 우리를 사랑하신 만큼! 우리 영혼을 어떻게 건강하게 사랑할 수 있을까? 조건은 하나님이 하시는 언어를 곧이곧대로 받아들이는 거다. 스쳐 지나가는 행인의 칭찬과 오래 교제한 친구로부터 받는 칭찬은 그 깊이가 다르다. 하물며 하나님은 우리를 직접 창조하셨다. 그 하나님이 우리를 향해 어떤 언어를 사용하고 계시는가? 혹시 행인의 말처럼 가볍게 흘려 넘겨 듣지는 않았는가?

건강한 자존감을 누리기 위해 다음 세 문장을 꼭 가슴에 새기도록 하자.

1. 나는 세상의 빛이다.

   예수님은 이 땅에 오셔서 말씀하셨다. 나는 세상의 빛이라고. 그러시고는 크리스천들에게 똑같이 적용하셨다. '너희'도 세상의 빛이라고. 그렇다. 빛이 되려고 노력하지 않아도 된다. 예수님이 이미 빛이라고 천명하셨다. 감히 빛을 쓸모없게 여길 사람이 있겠는가. 빛은 가장 값지고 소중하다.

2. 나만 세상의 빛은 아니다.

   청년들의 과업 중 하나는 자기중심성에서 벗어나는 것이다. 나는 빛이 분명하지만, 나만 빛은 아니다. 분명히 내 옆에 다른 크리스천도 똑같이 세상의 빛이다. 이를 인정하지 않으면 시기와 질투, 비교와 경쟁을 도저히 멈출 수가 없다. 세상이 많이 어둡다. 빛을 비추어야 하는 영역이 참으로 많다. 다른 크리스천과 겹치지 않으니 제발 비교하지 말라. 각자가 비출 수 있는 영역이 제각기 따로 존재한다. 우리는 서로 도와서 더 강한 빛을 비추어야 한다.

3. 태양 없이 빛날 수 없다.

   우리가 빛이라는 것은 맞다. 그런데 혼자서 발광할 수 있는 능력이 없다. 스스로 보잘것없다고 느껴지는가? '태양'을 반사하고 있는지 점검해 보라. 태양은 하나님이시다. 혼자서 발광(發光)하려는 노력은 그야말로 비정상적인 발광(發光)일 뿐이다.

▶

•• 한 줄 정리••
명심하자. '하나님의 관점'이 우리 자존감의 척도가 되어야 한다. 하나님의 시선대로 나를 사랑하지 않는 마음은 하나님에 대한 멸시이자 원망의 일종이다.

•• 기억할 말씀 ••
여호와께서 모세에게 이르시되 이 백성이 어느 때까지 나를 멸시하겠느냐 내가 그들 중에 많은 이적을 행하였으나 어느 때까지 나를 믿지 않겠느냐(민 14:11).

•• 나눔 ••
나는 나 자신을 하나님의 시선대로 건강하게 사랑하고 있는지 나누어 보자.

크리스천 연애는 뭐가 다른가요?

지혜로운 연애법

○ ○ ○

■ 선데이 크리스천?

솔직히 크리스천들이 바라는 이상형도 결국 비슷비슷하다. 나는 놀 거 다 놀아도 상대는 어느 정도 신앙심이 있고 수수하기를 바란다. 반대로, 나는 지킬 것 지키고 교회 봉사도 열심히 하면서 살았는데, 너무 오픈 마인드(?)인 상대를 원하는 사람은 없다.

세상과 교회를 왔다 갔다 방황하는 모습은 교회 내에서 (아무도 모를 것 같아도) 생각보다 튄다. 어설프게 세상과 양다리 걸치고 있는 크리스천을 흠모하지는 않는다. 연애 스킬도 세속적 방식을 어설프게 연마하면 오히려 가벼워 보이고 반감을 사는 경우도 많다. SNS 프로필은 어떤가? 술, 담배가 노출되어 있는 허세 가득한 이미지, 노출이 과한 의상으로 어필이 될까?

'교회 오빠'라는 단어가 괜히 생긴 게 아니다. 찬양 리더, 교회 회장빨은 옷빨 그 이상이다. 성령님빨을 받아 보자. 크리스천 연애스킬의 핵심이다. 지금까지 세상과 양다리를 걸치고 살았다고 좌절하지 말자. 순결은 방향성이다. 앞으로 순결한 태도로 살아갈 것을 결단하자(이 부분은 뒷부분에서 더 살펴볼 것이다). 하나님 앞에서 가장 아름다운 상태를 유지할 때, 배우자를 만날 가능성이 크다.

■ 연애 스킬도 필요하다

조금 더 들어 보자. 기본적인 관계의 기술을 무시한 채 하나님이 애인을 안 주신다고 원망만 키우는 청년들이 있다. 하나님이 아니라 운명론을 믿는 격이다. 이건 또 아니다. 모든 관계는 좋은 의도만으로는 충분하지 않다. 일반적인 연애 유튜버나 주변에서 말하는 내용을 참고해도 된다. 다만, 분별은 필요하다. 일단 성적인 내용은 참고하지 말라. 장담컨대, 도움이 하나도 안 된다. 그 외의 조언이 섬김과 사랑의 동기인가? 그렇다면 지혜롭게 받아들여도 좋다.

■ 크리스천은 눈이 높다?

물질, 지식, 외모, 능력을 줄여서 '물지외능'이라고 칭하겠다. "크리스천들은 물지외능 다 보고 신앙까지 조건으로 본다"는 이야기가 떠돈다. 이래서는 안 된다. 크리스천의 기본 베이스가 뭔가? 일단 나 자신의 연약함과 죄성을 인정한 것 아닌가? 눈이 높다는 건, '나는 그럴 만한 자격이 된다'는 전제가 깔려 있는 거다. 과연 성경적인 자아상인가? 겸손한 자아상을 위해 기도해야 한다.

■ 밀당이 필요할까?

한 청년이 업체에서 연애 상담을 받았는데, 거기서 구체적인 전략을 세워 준다고 했다. '메시지 늦게 보내기', '연락을 쉬었다가 천천히 하기' 등이었다. 그 청년은 그 방법이 맞는지 회의가 들어서 나를 찾아왔다.

결국 그 방법이 자신을 위한 것인가, 상대를 위한 것인가를 분별해 보면 정확하다. 역으로 상대가 더 높은 기술(?)로 나를 들었다 놨다 하는 상황이라면, 어떤 심정일까? 마치 사기꾼이 더 악랄한 사기꾼에게 사기를 당한 격이다. 내가 더 유리한 감정의 위치에 서기 위해서 하는 밀당은 속임수와 다를 바 없다.

사랑은 상대를 자유롭게 해 주는 거다. 나 중심적으로 조종하기 위한 밀당, 다른 사람의 마음을 알아내기 위한 밀당, 상대의 반응까지도 통제하려는 밀당은 결국 불쾌함을 주고 신뢰를 깨 버린다. 예수님은 분명히 "남을 저울질하는 것만큼 너희도 저울질당할 것이다"(마 7:2, 현대인의성경)라고 말씀하셨다.

그런데 관계에도 스킬은 필요한 법이다. 상대의 마음이 준비가 안 되었는데 매일같이 문을 두드리는 것은 상대에 대한 배려가 아닐 수 있다. 성경에서도 "너는 이웃집에 자주 다니지 말라 그가 너를 싫어하며 미워할까 두려우니라"(잠 25:17)라고 말한다. 성경에 이런 말씀도 기록되어 있다니 신기하지 않은가?

다른 사람과 접촉하고 친밀해지려는 욕구 자체는 선하다. 그런데 왜 나는 상대가 필요한가? 나의 존재를 확인하기 위한 끊임없는 불안에서 비롯된 것은 아닌가? 나의 연애 패턴의 본질을 성찰하는 연습을 해 보자.

•• 한 줄 정리 ••
이성 교제에 악한 전략을 사용하지 말자. 하나님을 1순위로 경배하면, 상대와의 관계도 균형이 맞추어지는 경험을 하게 될 것이다.

•• 기억할 말씀 ••
주인이 이 옳지 않은 청지기가 일을 지혜 있게 하였으므로 칭찬하였으니 이 세대의 아들들이 자기 시대에 있어서는 빛의 아들들보다 더 지혜로움이니라(눅 16:8).

•• 나눔 ••
당신은 순수함이 부족한가, 아니면 지혜가 부족한 편인가? 지혜롭고 순결한 크리스천 연애를 추구하고 있는지 나누어 보자.

하나님이 원하시는 데이트, 어떻게 해야 하나요?

크리스천 데이트

○ ○ ○

■ 큐티하면 되나요?

크리스천 청년들이 데이트에 대해 부담감을 느낄 때 한편으로는 기특하면서도, 한편으로는 조금 염려가 된다. '거룩하다'는 의미가 경직된 종교 행위로만 사용되지 않았으면 하는 바람이다. 거룩은 하나님과 함께하는 거다. 함께 성경을 묵상하고 기도하는 것은 물론 더할 나위 없이 좋다. 다만, 하나님이 그 시간에만 함께하시도록 제한하지 말자.

연인끼리 함께할 수 있는 활동은 무한하다. 건강한 정신으로 함께 생동감을 느낄 수 있는 데이트는 그 무엇이든 좋다. 같이 웃고, 놀러 다니고, 건강한 추억을 쌓자. '놀지 못하는 사람은 정신 질환에 걸리기 쉽다'는 말은 우스갯소리가 아니다.

■ 진심에도 기술이 필요하다

사랑하는 진심은 좋다. 그런데 진심은 기본이다. 기본은 기본일 뿐이다. 기본만 가지고 되는 건 이 세상에 아무것도 없다. 첫사랑이 왜 이루어지기 힘들까? 진심이 없어서가 아니다. 상대에게 진심이 닿지 않으면 아무런 소용이 없다. 상대는 고기를 좋아하는데 자꾸 해산물만 먹으러 가자고 하면 되겠는가. 남자와 여자의 욕구가 분명히 다른데, 이를 무시하고 내가 바라는 사랑만 자꾸 상대에게 주어서는 안 된다. 남자와 여자의 차이를 인식하고 공부하자. 진심에 기술을 더하자.

■ 관계를 유지하는 건 원래 어렵다

향수와 향기는 다르다. 향수를 뿌리면 이성이 꼬일 수는 있어도, 향기가 없으면 오래 머무르지 않는다. 교제를 시작하고 난 다음에도 인내심 있게 관계를 유지하기 위해 노력하자. 갈등은 무조건 발생한다. 놀라지 말고, 깊은 관계성 가운데 다가가자.

■ 헤어질 때를 아는 자가 아름답다

가끔 서로에게 아무런 인격적 성장을 주지 않는 관계임에도 청춘을 낭비하는 경우가 있다. 20대에는 청춘이 영원할 것 같지만, 그렇지 않다. 헤어짐은 또 다른 기회다. 기회를 잡지 않으면 주름만 늘어 간다. 아니다 싶으면 정리할 줄도 알아야 한다. 내 인생과 상대의 인생에 대한 책임 의식을 갖자.

•• 한 줄 정리 ••

하나님이 원하시는 데이트의 '형식'이 따로 존재하는 건 아니다. 성령 안에서 동행하기만 하면 된다.

•• 기억할 말씀 ••

하나님의 나라는 먹는 것과 마시는 것이 아니요 오직 성령 안에 있는 의와 평강과 희락이라(롬 14:17).

•• 나눔 ••

데이트를 하기 전에 하나님께 동행해 달라고 구해 보고, 기도하지 않았을 때와 무엇이 달랐는지 나누어 보자.

연애 경험이 많이 중요한가요?

관계의 양보다 질

○ ○ ○

"최근 들어 결혼 이야기가 나오니 생각이 많아지네요. 결혼하기 위해서 연애 경험이 많이 중요한가요? 일단 믿음으로 기도하고 기다려야 할까요? 배우자 기도는 하지만 조금 걱정이 되네요."

청년의 때에, 작은 호감이 있을 때마다 하나님께 기도를 했다. "하나님, 어떻게 할까요?" 하고 묻는 질문이었다. 신기하게도 기도만 하면 그 관계의 열매가 맺히지 않았다. 지금 생각해 보면 참 감사하다. 하나님이 나를 신체적으로나 정서적으로 보호해 주시면서도, 살짝은 애매한(?) 썸 관계들을 통해 인격적 영역을 성장시켜 주셨기 때문이다.

솔직하게 말해서, 이성에 대한 끌림이 있을 때마다 기도하지 않았다면 더 손쉽고 가볍게 만나는 이성 교제를 했을 것 같다. 얼마나 많은 상처를 받았을지, 아찔하다. 깊은 관계를 막아 주심에 얼마나 감사한지 모른다.

무분별한 연애를 하기보다는 차라리 모태 솔로가 낫다. 꼭 '사귀지' 않더라도 발견 가능한 성찰의 지점들이 충분히 있을 것이다. 애매한 관계를 여럿 걸쳐 놓고 괴롭히는 희망 고문을 조장하는 것은 아니다. 다만, 서로 호감이 생겼을 때 섣부르게 일대일 관계를 약속하지 않아도 괜찮다.

오히려 연애 경험이 너무 많은 경우가 훨씬 더 염려스럽다. 연애에 대한 가벼운 접근은 큰 상처가 될 수 있다. 내밀한 관계를 자주 맺고 헤어지는 경험은 큰 허무함과 상처가 되었을 가능성이 크다.

인격에 대한 깊은 존중이 바탕이 되어 있지 않은 가벼운 연애는 당연히 반대한다. 우리 중 누가 독점적인 사랑의 약속을 그렇게 쉽게 하고, 또 쉽게 포기할 수 있겠는가. 연애 경험이 많다는 것은 그만큼 실패도 많이 겪었다는 뜻이다. 중요한 건 관계의 양이 아니라 '질'이다.

그렇다면 연애는 언제 시작하는 것이 좋을까? 나는 비교적 이른 나이인 중학교 때 첫 연애를 했다. 그럼에도 10대와 20대 초반까지는 연애에 몰입하지 않아도 된다고 생각한다. 여기에는 구체적인 근거가 있다.

이는 '뇌의 성장'과 관련이 있다. 어린아이를 떠올려 보라. 본능과 감정에 예민하게 반응하고, 충동 억제가 잘 되지 않는다. 역시나 우리가 죄인이라서 그런 게 아니다. 생각과 이성의 뇌인 전두엽이 발달하는 데 시간이 많이 걸리기 때문이다.

연구 결과에 따르면, 전두엽이 완전히 성숙하려면 남자는 평균 30세, 여자는 평균 24-25세는 되어야 한다. 게다가 발달이 느린 사람은 35-40세가 되어도 전두엽이 아직 미성숙하다고 한다.[5] 따라서 전두엽이 덜 발달된 상태에서 하는 연애는 위험할 수밖에 없다. 감정을 주체하지 못하며, 본능에 더 민감하고, 쉽게 흥분하거나 좌절하기 때문이다. 행동과 감정 조절이 가능한 20대 중반이 지나서 연애를 시작하는 것이 유익하다.

이른 나이에 연애를 시작한 사람을 정죄하거나 "절대 안 된다"고 말하는 것은 아니다. 다만, 그만큼 정서적으로 혼란스러울 가능성이 크다는 뜻이다. 나 또한 방황을 많이 했다.

20대 중반까지는 먼저 하나님과 친밀해지자. 특히 공동체 안에서 마음을 완전히 개방하는 경험을 하기를 강권한다. 대학생이라면 건강한 기독교 동아리에 가입하기를 추천한다. 가까운 가족을 대하듯이, 공동체에서 자신을 내보이자. 조금은 상처받을 위험을 감수할 정도로 친밀해져야 한다. 감히 말하건대 이보다 더 좋은 '연애 공부'는 없다.

•• 한 줄 정리 ••

연애 경험 횟수나 시기에 지나치게 집착하지 않아도 된다.

•• 기억할 말씀 ••

범사에 기한이 있고 천하만사가 다 때가 있나니(전 3:1).

•• 나눔 ••

나의 연애관은 어떠한가? 무분별하고 가벼운 연애 대상을 찾고 있지는 않는가? 단지, 남들이 보기에 연애하는 사람이 되고 싶은 것은 아닌가? 진정성 없는 연애의 결과가 어떠했는지 나누어 보자.

연애를 통해 무엇을 배울 수 있나요?

정서적인 근육 기르기

● ● ●

연인과의 만남은 특수 관계다. 다른 일반적인 우정에서는 느낄 수 없었던 깊은 강도의 정서를 경험한다. 부정적 정서, 긍정적 정서 모두를 포함한다. 그리움, 슬픔, 좌절, 분노, 배신감, 거절감 등 극단적 정서를 경험하는 일은 마치 고무줄을 끝까지 잡아당겨 늘어뜨리는 것과 같다. 이로 인해 정서적 근육이 자라난다.

고등학교 때 교통사고를 당한 적이 있다. 당시 내 몸에는 근력이 거의 없었다. 그래서 같은 사고를 당한 사람들에 비해 후유증이 오래 지속되었다. 신체 근력이 꼭 필요한 것처럼, 정서적으로도 탄탄한 힘이 필요하다. 이를 '정서적 근육'으로 정의 내리려고 한다. 정리하면, 정서적 근육이란 스스로 정서적인 능력을 회복하는 탄력성을 뜻한다. 간혹 다른 이로 인해 상처를 받는 상황이 생기더라도 되돌려 상처 주지 않게끔 버티는 힘이다. 결혼 생활에서 가장 중요한 능력 중에 하나가 바로 이 정서적 근육이다. 정서적 근육이 약한 사람은 다음과 같이 말하고 행동한다.

"나에게 상처를 줬어? 바로 복수해야겠군! 가만두지 않겠어!"

바로 보복하고 상대에게 상처를 주고야 마는 사람들은 정서적 관점에서는 건강한 성인이 아니다. 정서적 근력이 충분한 사람은 누가 자신을 공격해 와도 버틸 힘이 있고, 다른 이의 공격을 곧바로 생존의 위협으로 연결 짓지 않는다. 쉽게 말해, 분노와 좌절을 조절할 수 있는 내공이 있는 것이다.

결혼 생활에서 육아는 빼놓을 수 없는 현실이다. 어린아이들이야말로 정서적 근육이 거의 제로에 가깝다. 언어에 익숙하지 않은 아이들은 울며불며 떼를 쓰고 감정을 가감 없이 표출한다. 본능에 충실하다. 이런 상황에서 부모가 아이와 별반 다를 바 없다면 다 같이 깊은 수렁에 빠져들고 만다. 아이가 화내면 부모도 똑같이 화내고, 아이가 울면 부모도 똑같이 운다. 한두 번은 괜찮을 수 있어도 같은 일이 반복되면, 아이는 부모에게서 안전감을 느끼지 못하게 된다. 이는 아이의 건강한 정서 발달을 심각하게 방해한다.

따라서 결혼을 준비하기에 앞서, 정서적 근력을 충분히 기르는 것은 정말 중요하다. 부부 관계에서나 육아에 꼭 필요한 능력이기 때문이다. 강도 높은 상처를 받더라도 쓰러지지 않고 방어하면서 침착하게 훈육할 수 있을 정도의 정서적 근력을 길러야 한다.

그렇다면 구체적으로 연애를 통해 무엇을 훈련받을 수 있는가? 연애를 통해서 배울 수 있는 몇 가지를 점검해 보자.

- 감정을 표현하는 방법
- 잘못을 인정하고 사과하는 법
- 바운더리를 침범하지 않는 범위 내에서 갈등을 다루는 법
- 자존심을 버리고, 건강한 자존감을 유지하는 법
- 상대를 조종하거나 통제하지 않고 사랑하는 법
- 사랑을 강요하지 않되, 용기 있게 요청하는 법
- 다양한 개성의 타인을 탐색하고 이해하는 법
- 대화하고 설득하며 의견을 조율하는 법
- 서로의 감정을 수용하고 해소하는 법
- 무의식에 가려져 있던 내면의 상처를 발견하고 치유의 자리로 나아가는 법

열거한 것 외에도 많다. 우물 안에서 벗어나 운동장으로 뛰

어 들어간 개구리를 상상해 보자. 조금 상처받는 일들을 겪게 될지 모르겠다. 그럼에도 누구나 언젠가는 운동장으로 나가야 한다. 이를 통해 자아가 조금씩 확장되어 자라난다. 다른 사람에 대한 이해뿐만 아니라 나 자신을 객관적으로 성찰할 수 있는 폭도 넓어진다.

연애를 통해 하나님의 사랑을 발견하게 되었다는 이야기는 크리스천 연애에 있어 백미 중의 백미다. 가장 친밀한 관계를 맺는 경험을 통해 그동안 가려져 있던 내면의 상처가 수면 위로 드러난다. 그 상처를 붙들고 씨름하면서, 상처를 덮고도 남는 하나님의 사랑을 만난다. 결국 우리의 상처가 하나님께로 이끄는 통로가 된 것이다.

•• 한 줄 정리 ••

크리스천은 연애를 통해 정서적 근육을 탄탄히 기를 수 있다. 연애 경험을 통해서도 인격적으로 성숙해진다.

••기억할 말씀••

오직 사랑 안에서 참된 것을 하여 범사에 그에게까지 자랄지라 그는 머리니 곧 그리스도라(엡 4:15).

•• 나눔 ••

당신은 연애를 통해서 어떤 성장을 했는가? 성찰할 지점이 있었는가?

스킨십의 기준이 어디까지인가요?

스킨십 가이드라인

● ● ●

많은 청년이 데이트를 하면서 스킨십의 기준에 대해 궁금해한다. 이 질문에 대해 논의하기에 앞서, 절대로 양보할 수 없는 기준은 '생명'임을 밝힌다. 따라서 생명을 잉태할 수 있는 가능성이 있는 행위는 절대로 안 된다. 100% 확률의 피임은 존재하지 않는다는 사실을 명심하자. 그래서 마지막 삽입 행위는 반드시 경계해야 한다.

만약 신호등이 빨간불에 켜져 있는데 그 신호를 무시하고 계속 주행한다면 어떻게 될까? 사고가 나지 않으면 다행이지만, 그렇다고 해서 빨간불에 계속 주행하라고 말할 수는 없는 노릇이다. 한 번 사고가 안 났으니까 계속 스릴을 즐길까? 언제든 위험이 도사리고 있기 때문에 절대 해서는 안 되는 행위다. 여기까지 동의가 되었다면, 다음 '신호등 비유'를 통해 스킨십의 기준을 유념해 두자.

- 초록불: 아기한테 할 수 있는 정도의 스킨십이다. 손을 잡거나 가벼운 포옹 등 공개적인 장소에서도 가능한 스킨십이다.
- 빨간불: 생명을 잉태할 수 있는 가능성을 내포하는 성교 행위를 의미한다.
- 노란불: 초록불과 빨간불 사이에 해당하는 모든 스킨십을 말한다.

여기서 노란불에 대해선 세부적 논의가 필요하다. 노란불의 범위가 굉장히 넓기 때문이다. 빨간불의 선만 아슬아슬하게 넘지 않으면 괜찮은 것인가? 전혀 그렇지 않다. 신호등에서도 노란불은 멈춤을 준비하라는 경고등이다. 결코 자유롭게 해도 된다는 의미가 아니다.

노란불에서의 핵심은 '지체 시간'이다. 실제로 신호등에서 노란불이 빨간불로 옮겨 가는 시간은 약 3초라고 한다. 안심했다가 무수히 많은 사고가 일어난다. 많은 크리스천 청년이 빨간불을 강력하게 지키고자 하는 의지가 있음에도 불구하고, 노란불에 대해 안일하게 생각한 경우 위험한 일들이 발생하곤 한다. 지체 시간이 굉장히 짧다는 점은 노란불에 경각심을 가져야 한다는 의미로 봐야 한다.

그렇다면 구체적인 스킨십 가이드라인은 무엇인가? 특히 자매와 형제가 생각하는 노란불의 범위는 많이 다르다. 형제들은 성적으로 더 빠른 시간 내에 흥분이 되기 때문에, 노란불을 켜자마자 빨간불로 넘어가고 싶은 충동을 느낄 수 있다. 자매의 입장에서는 형제에 비해 노란불에서 더 오랫동안 지체할 수 있기 때문에 오히려 노란불에서의 스킨십을 더 즐길 가능성이 충분히 있다.

그래서 서로 배려해 줄 필요가 있다. 자매는 '나는 아직 괜찮다'는 이유로, 노란불에서의 스킨십 시간을 안일하게 생각해서는 안 된다. 형제는 자신의 솔직한 욕구를 인정하고 대화하면서, 노란불에서 오랫동안 서성이지 않도록 절제해야 한다. 그래서 스킨십은 남녀 모두가 함께 지킬 의사가 있어야 한다.

"저는 빨간불은 정말 지켰거든요. 근데 솔직히 노란불은 괜찮은 거 아닌가요?"

신호등 비유에서 한 가지 비유를 더 추가할 필요성을 느낀다. 신호등의 초록불 방향으로 당겨지는 '자석'을 가져다 놓아야 한다. 초록불 쪽으로 끌어당기려는 움직임이 필요하다. 금기시되는 '금'을 밟았냐, 밟지 않았냐는 단순한 행위 기준에 집착하지 말자. 마음의 근본 태도가 영적인 순결의 방향성을 향하고자 하는지를 점검하자. 하나님 앞에서 순결의 방향성으로 나아가고 있다면 노란불 스킨십에도 충분히 마음이 불편할 것이다.

구체적인 수칙은 개인적인 주관이 있을 수밖에 없고 사람마다 다르다. 또한 세부적인 기준이 성경에 나와 있지도 않다. 하지만 참고할 만한 가이드라인은 필요할 듯하다. 다음을 참고하기 바란다. 《십대를 위한 성경적 성교육》(두란노서원, 2019)이라는 책에서 인용한 구절이다.

"데이트하는 동안의 바운더리는 가벼운 입맞춤이나 가벼운 스킨십까지는 괜찮다고 생각한다. 깊은 키스는 가서는 안 되는 단계로 들어서는 첫 문이다. 미디어를 통해 보는 첫 키스의 로망과는 달리 실제로 첫 키스의 경험이 불쾌하고 당황스러웠다는 사람들이 많다. 많은 남자들이 깊은 키스를 하면 바로 다음 단계, 즉 넘지 말아야 하는 단계로 넘어가려 한다."[6]

다음은 민디 마이어(Mindy Meier)가 쓴 《데이트, 그렇게 궁금하니?》(IVP, 2008)에 나오는 내용이다.

"같은 침대에서 밤을 보내지 말 것, 옷을 벗지 말 것, 여자라면 비키니 수영복, 남자라면 수영 팬츠로 가려지는 신체 부위를 만지지 말 것, 다른 사람 위에 눕지 말 것이라는 기준을 제안했다."[7]

•• 한 줄 정리 ••

스킨십을 할 때 경각심을 갖지 않으면 금방 위험한 상황에 처할 수 있다.

•• 기억할 말씀 ••

그러므로 형제들아 내가 하나님의 모든 자비하심으로 너희를 권하노니 너희 몸을 하나님이 기뻐하시는 거룩한 산 제물로 드리라 이는 너희가 드릴 영적 예배니라(롬 12:1).

•• 나눔 ••

신호등 빨간불을 지킬 것을 결단하는 나눔을 하자. 또한 마음의 태도가 순결의 방향성으로 나아가고 있는지 나누어 보자.

성경적인 성교육을 해 주세요

통합적 관점의 성

○ ○ ○

당신은 '성'(性)이라고 하면 무슨 생각이 떠오르는가? 단번에 '성관계'가 생각났다면 오류다. 성은 성관계를 물론 포함하지만, 그보다 훨씬 더 포괄적이고 총체적인 개념이다. 다음을 살펴보자. 각각의 명제는 옳은가, 틀린가?

- 사랑은 그저 옥시토신 분비일 뿐이다.
- 음악은 공기의 떨림에 불과하다.
- 성은 생식 기관의 결합을 통한 사랑 행위다.

이 명제들은 전부 틀렸다. 왜일까? 전체는 부분의 합보다 크기 때문이다. 이를 '환원주의의 오류'라고 부른다. 왜 이처럼 어려운 개념을 끌고 왔는지 예상이 되는가? 성경적으로 볼 때 결혼과 성, 성과 생명, 생명과 교회, 교회와 연합, 연합과 관계, 관계와 신앙생활 등의 어휘들은 서로 떼려야 뗄 수 없는 유기적 관계로 얽혀 있다. 각자 따로 떼어서 말할 수 없다. 별개로 분리해서 논의할 수 없는 총체적 개념이라는 의미다. 성은 관계이고, 관계는 신앙생활이고, 신앙생활은 결국 연합이며, 연합은 결혼이고, 결혼은 곧 교회의 모형이다.

미디어는 점점 '육체의 사랑'인 성교만을 따로 떼어서 말하는 것이 자연스럽다는 암시를 주고 있다. 그러나 육체는 결코 영혼과 별개가 아니다. 당신의 육체는 A지역에 있고, 영혼은 B지역으로 분리될 수 있는가? 따로 떼어서 말할 수 있는가? 결코 그럴 수 없는 것과 마찬가지다. 따라서 육체의 연합은 영적인 연합, 정서의 연합, 일상생활의 연합, 사회적인 연합을 일컫는 '결혼'과 결코 분리해서 설명할 수 없고, 또 그래서도 안 된다. 즉 '통합된 정체성'이라는 관점으로 바라보아야 한다는 의미다.

다음은 팀 켈러의 《결혼에 관하여》(두란노서원, 2020)라는 책에 나오는 문장이다. 깊이 곱씹어 보기를 바란다.

"서로에게 삶 전체를 주지 않으면서 서로에게 몸만 준다면 이는 자아의 통합성을 인식하지 못한 처사다. 하나의 오롯한 인격체에서 몸만 떼어 낼 수는 없다. 합의에 관해 말하자면 그리스도인의 관점이 가장 깊고도 폭넓다. 부부 사이에서만 잠자리를 허용할 수 있다는 그리스도인들의 말은 성행위에는 '전인적 합의'가 뒤따라야 한다는 뜻이다."[8]

우리는 육체로도 하나님께 영광을 돌려야 한다. 육체는 하나님이 지으신 선한 것이다. 육체와 영혼을 따로 분리해서 생각하는 것은 비성경적이다. 당신의 육체를 통해서도 하나님께, 그리고 미래의 배우자에게 당신의 전부의 사랑을 바칠 수 있기를 진심으로 기도한다.

•• 한 줄 정리 ••
'성'을 자아의 통합성의 관점으로 바라보아야 한다.

•• 기억할 말씀 ••
값으로 산 것이 되었으니 그런즉 너희 몸으로 하나님께 영광을 돌리라(고전 6:20).

•• 나눔 ••
당신의 영혼과 정서와 일상생활의 연합을 100% 약속하지 않은 상대에게 당신의 '육체'의 연합만을 허용하는 것이 과연 합리적인지 나누어 보자.

정말 지켜야 하는 것 맞죠?

성의 바운더리

● ● ●

"성에 대한 죄는 어차피 다른 죄와 똑같이 하나님이 쉽게 용서하
시는 그런 죄의 일부가 아닌가요? 왜 여기에 대해서 그렇게 부각
해서 얘기하는지 모르겠어요."

성에 대한 죄는 결코 가벼운 죄가 아니다. 앞서 언급했듯이
신앙생활과 교회, 생명과 연결되는 총체적인 문제이기 때문
이다. 따라서 성적인 문제에 대한 접근도 총체적이고 입체적
으로 이루어져야 한다. 《No라고 말할 줄 아는 데이트》(좋은씨
앗, 2001)라는 책에서는 색욕을 일으키는 욕구에 대해 알려 준
다.[9] 당신은 다음과 같은 욕구에 대한 대체제로 성적인 유혹
에 빠지는 것은 아닌지 점검해 보자. 근본적인 뿌리를 발견하
고 기도의 방향성으로 삼아 보자.

- 친밀함과 결합에 대한 욕구

- 힘에 대한 욕구

- 상대가 자기에게 감탄하고 자기를 원한다고 느끼고 싶은 욕구

- 부모의 통제로부터 벗어나 자유롭고 싶은 욕구

- 고통과 상실을 해결하기보다는 피하고 싶은 욕구

- 자신에 대한 수치와 나쁜 느낌을 극복하고 싶은 욕구

요즘 시대는 마치 혼전 성관계를 하지 않는 것이 무언가 맛있는 음식을 놓치는 것처럼 여기도록 뒤바꾸어 놓았다. 심히 한탄스러운 일이다. 인격적인 교제에도 반드시 '순서'가 있어야 한다. 성경은 분명히 성관계로 친밀감을 누리는 것은 결혼 후에 가장 '안전한 상황'에서 이루어져야 한다고 말한다. 결혼은 사회적, 정서적으로 '둘만의 연합'이 허락된 가장 안전한 상황이다.

성은 결혼 내 부부 간의 친밀감을 위해 하나님이 주신 선물이다. 결혼 내에서만 성관계를 약속하는 것이 과연 손해를 보는 일인지, 진실로 정직하게 성찰해 보기를 권한다. 성이 강력한 친밀감을 주는 역할을 하는 만큼 관계가 끝났을 때의 상처도 클 수밖에 없다. 예전에 비해 혼전 성관계 비율이 높아진 만큼 이혼율 또한 높아진 것이 과연 우연일까? 나는 아닐 거라고 생각한다.

앞서 '바운더리'(경계선) 개념을 언급했다. 건강한 바운더리가 설정되지 않은 관계는 위험천만하다. 당신은 안 지 얼마 안 된 상대에게 당신의 전 재산을 바치는가? 우리 몸은 우리 자아의 일부다.

진실을 바라보자. 상대는 언제든 당신을 떠날 수 있다. 아무런 제재나 조치를 취할 수 없다. 그런 상대에게 당신의 가장 은밀한 비밀을 노출하는 것이 과연 현명할까?[10] 어떻게 우리의 전 재산보다도 소중한 몸의 경계를 전부 다 풀 수 있겠는가. 바운더리가 없는 관계는 반드시 우리의 인격적인 안전을 해치게 되어 있다.

•• 한 줄 정리 ••
바운더리의 핵심은 '책임감'이다. 나 스스로의 신체적 바운더리를 함부로 허물지 말라.

•• 기억할 말씀 ••
각각 자기 일을 돌볼뿐더러 또한 각각 다른 사람들의 일을 돌보아 나의 기쁨을 충만하게 하라(빌 2:4).

•• 나눔 ••
나는 나의 바운더리를 책임감 있게 지키고 있는가? 그렇지 못했다면 앞으로라도 바운더리를 건강하게 세워야 할 이유를 나누어 보자.

성적인 죄로 인한 죄책감이 너무 커요

죄책감과 순결의 의미

○ ○ ○

"저는 이미 혼전 순결을 어겼어요. 죄책감이 너무 큽니다. 불안해서 잠을 이루지 못할 때도 많아요. 이런 저도 하나님이 정말 용서해 주실까요?"

많은 청년이 이미 혼전 성관계를 경험했다고 이야기한다. 크리스천의 양심상 금지되어 있는 규범을 어긴 듯한 죄책감이 영혼을 실로 무겁게 짓누르는 듯하다. 이를 계기로 상담을 하러 와서 눈물 흘리는 청년들의 이야기를 들을 때마다 부둥켜안고 다시 일으켜 세워 주고 싶은 마음뿐이다.

폴 투르니에(Paul Tournier)의 《죄책감과 은혜》(IVP, 2001)라는 책에서는 거짓된 죄책감과 참된 죄책감을 구분해서 언급한다.[11] 거짓된 죄책감이 사탄이 주는 중압감이라면, 참된 죄책

감은 하나님이 주시는 거룩한 부담감이다. 거짓된 죄책감과
참된 죄책감을 구분하는 것이 평생의 신앙생활의 핵심이기도
하다. 각각의 특징을 살펴보자.

1. 거짓된 죄책감
   - 내리누르는 듯한 압박감이 든다.
   - 사람들의 시선에 대한 두려움과 수치심이 느껴진다.
   - 혼란스럽고 낙심된다.
   - 헤어 나올 수 없을 것 같은 구렁에 갇힌 기분이다.
   - 무자비한 비난과 자책의 형태로 다가온다.

2. 참된 죄책감
   - 하나님의 판단에 의해 내적 지지를 받는다.
   - 하나님을 의지한 정도에 따라 사람들로부터 자유롭게 된다.
   - 평안하다. 깨달음에 이어 겸허한 자백이 이어진다.
   - 해결의 실마리가 보인다.
   - 은혜와 용서 안의 훈계, 책망의 형태로 다가온다.

폴 투르니에는 "하나님은 자각된 죄책은 없애 버리시지만
억압된 죄책은 일깨우신다. 예수님은 정죄하시기 위해서가

아니라 구원하시기 위하여 죄를 일깨우신다"고 했다. 정확히 복음에 근거한 말이다.

죄책감에 힘들다면 다음과 같은 순서로 기도를 드려 보자.

- "참된 죄책감과 거짓된 죄책감을 분별하게 해 주세요."
- "거짓된 죄책감에 속지 않겠습니다."
- "참된 죄책감에 따라 회개하고 변화하는 삶을 살겠습니다."

어쩌면 죄를 용서하시는 하나님의 사랑을 진정으로 믿는 일에 가장 큰 용기가 필요할지 모른다. 그러나 이는 우리가 처음 예수님을 영접했을 때 일어났던 사건이 아닌가! 성경은 주홍같이 붉은 모든 죄가 하얗게 변한다고 선포한다(사 1:18). 지금까지 어떻게 살았는지는 중요하지 않다. 나중 된 자가 먼저 된다고 했다. 항상 지금, 현재 하나님 앞에 어떠한 태도로 서고 있는지가 중요하다. 예수님의 피를 의지하며 나아가면 된다.

'순결'이라는 단어를 행위 중심적으로 판단하면 죄책감에서 빠져나올 수 없다. 신앙의 모든 개념이 그렇듯이, 하나님과의 관계성 가운데 해석해야 한다.

일단, 성경에서는 '간음'과 '음란', '음욕'의 반대말로 '거룩'이라는 단어를 사용한다. 거룩이 무엇인지를 살펴보면서 방향성을 발견해 보자. 거룩의 핵심은 깨끗함, 고결함, 흠이 없는 완전함 등이다. 이것은 하나님의 신성과 관련이 있다. 하나님은 수차례 "내가 거룩하니 너희도 거룩할지어다"(레 11:45)라고 말씀하셨다. 거룩을 이루려면 하나님과 동일선상에 있어야 한다. 즉 거룩은 하나님과 연합한 상태다.

그러면 반대말인 '간음'한 상태는 뭘까? 크리스천은 하나님과 결혼을 약속한 언약적 관계다. 남편 되신 하나님만 사랑하고, 하나님으로 인해서 모든 것에 만족해야 한다. 그런데 상대를 배신하고 바람을 피운 상황이다. 하나님과의 '한마음'을 이루어야 하는데 마음이 갈라져 두 마음이 생겨 버렸다. 하나님을 사랑해야 하는 책임을 등지고, 그 와중에 다른 것을 사랑하는 상태, 이것이 바로 음란과 간음의 정의다.

그래서 성적인 죄의 본질은 '두 마음'을 품은 것이다. 마음이 갈라져 두 마음이 된 뿌리가 열매를 맺은 결과로 드러나는 것이 성적인 죄다. 성의 목적은 '하나님과의 연합'이다. 그런데 그 성적인 욕구를 세상과 벗하는 데 사용하고 있는 꼴이 된 것이다.

따라서 만약 혼전 성행위가 있었다고 할지언정, 앞으로 하나님과의 연합으로 나아가는 방향성으로 가려는 의지가 중요하다. 순결을 지킨 사람과 순결하지 않은 사람, 이렇게 이

분법적으로 나뉘는 것이 아니다. 지금 순결을 '추구'하고 있는 사람과 순결을 거부하고 세상과 벗하며 두 마음을 품은 사람으로 분류할 수 있다.

꼭 기억하자. 순결은 과정이다! 거룩은 과정이다! 일회성 개념으로 생각했을 땐 정죄감과 죄책감에서 자유롭기 어렵다. 평생 우리가 하나님과 한마음이 되는 방향성으로 나아가는 과정이라고 여겨야 한다. 결혼 후에도 단 한 사람을 향한 순수한 사랑의 결단으로 나아가는 것이 순결이다.

•• 한 줄 정리 ••

행위적인 순결은 단편적인 관점이다. 영적인 순결의 방향성으로 나아갔을 때 행위적인 순결 또한 지킬 수 있게 된다.

•• 기억할 말씀 ••

예수께서 이르시되 나도 너를 정죄하지 아니하노니 가서 다시는 죄를 범하지 말라 하시니라(요 8:11).

•• 나눔 ••

죄책감에 눌려만 있었던 경험을 나누어 보자. 하나님 앞에 깨달음을 얻고 철저한 회개의 자리로 나아갔을 때의 놀라운 평안을 나누어 보자.

넷.

다시
사랑할 수 있을까요?

ее

이별과 고독의 시간

하나님, 헤어지라구요?

헤어짐이 고민될 때

* * *

청년 시절, 하나님이 당시 사귀고 있던 형제와 헤어져야 한다는 마음을 주셨다. 갑작스럽기도 했고, 의아하기도 했다. 사실 교제를 시작할 때부터 하나님이 온전하게 허락하신 관계가 아니라는 걸 알고 있었다. 그래도 갑작스런 개입하심이 당혹스러웠다.

주변 동역자를 통해, 하나님이 나를 고통스럽게 하려고 이러한 시험을 주신 것이 아니라는 마음을 전달받았다. 이 관계에서 내가 얼마나 이기적으로 행동했는지를 돌아보게 하셨다. 관계는 실낱같은 희망을 붙잡은 채 간신히 유지되는 상태였다. 정직하게 바라봤을 때 언제 끝나도 이상한 관계가 아니었다. 어쩌면 이별이 상대에게 줄 수 있는 가장 큰 선물이라는 생각이 들었다. 헤어지자는 결정이 나뿐만 아니라 상대에게도 유익하다는 것이 명백했다.

그렇게 이별을 결정했지만 막상 상대에게 무슨 말을 어떻게 꺼내야 할지 난감했다. 감사하게도, 하나님이 내 입에서 적절한 말들이 방언처럼 터져 나오게 하셨다. 이기적으로 행동했던 부분에 대해 사과했고, 앞으로도 내가 상대에게 도움이 될 만한 사람은 아닌 것 같다는 솔직한 심정을 전했다. 나눈 대화 내용에서 '하나님'이나 '헤어지자'는 단어는 한 번도 나오지 않았다. 다만, 교제를 하면서 이렇게 '정직한 대화'를 나눈 시간이 없었다는 걸 발견했다. 그동안은 왠지 서로 어울리지 않는 관계임을 알면서도 애써 덮어 두고 회피하고 직면하지 않았을 뿐이었다.

묵묵히 듣던 형제의 반응은 예상 밖이었다. 고개를 연신 끄덕이더니 순순하게 이별 결정을 받아들여 주었다. 어쩌면 너무 싱거울 정도였다. 그렇게 울고불고 싸우는 일 하나 없이, 그 관계는 바로 그날 깔끔하게 막을 내렸다.

이 사건을 통해 관계의 주권이 온전히 하나님께 있음을 고백하게 되었다. 하나님이 허락하셔야만 비로소 건강한 만남이 유지되고, 더 발전될 수 있음을 깊이 인정하게 되었다. 헤어진 이후 '내가 이 정도로 사랑할 줄 모르는 사람이었나'라고 성찰하면서, 자아의 부서짐을 경험하는 시간을 갖기도 했다.

그런데 가장 중요한 건 '정직'의 훈련이었다. 어떤 관계든지 하나님의 진리의 기준 위에 드러나야 한다는 사실을 배웠던 시기다. 관계에 갈등이 있을 때 그냥 묻어 두고 회피하면 시간만 낭비할 뿐이다. '이 관계는 서로에게 진실로 정직한 관계인가? 하나님이 보시기에 진실로 기쁜 관계인가?'를 '정직의 안경'을 끼고 바라보아야 한다.

헤어져야 할까 고민될 때 분별을 위한 3가지 기준이 있다. 전제하고 싶은 것은, 헤어짐이 반드시 나쁜 것은 아니고, 반대로 만남도 반드시 좋은 것만은 아니라는 사실이다. 건강한 헤어짐이라면 두 사람 모두에게 유익하다. 대부분 이별을 생각할 때 상대에게 일방적으로 상처를 준다고 생각하면 결단하기 어렵다. 한쪽에서 온전한 사랑을 줄 수 없다면, 다른 기회를 찾기 위해 놓아 주는 편이 오히려 진정한 사랑의 관점일 수 있다.

■ 서로의 성장을 방해하고 있을 때다

연애의 목적은 인격적 성장이다. 반대로, 서로를 좀먹는 파멸의 관계라면 헤어져야 한다. 둘을 분별하기는 쉽지 않지만, 정직하게 바라보아야 한다. 헤어짐을 고민하기까지 내적, 외적으로 많은 갈등이 있었을 것이다. 주변의 반대, 신뢰가 깨어짐, 감정이 식어 감, 갈등의 고조 등 이런 요소들로 이별을 결정해서는 안 된다. 갈등은 건강한 관계에서도 필연적이다. 갈등의 결과를 관찰해 보자. 갈등으로 인해 침전하고 정체하는가, 아니면 서로 성숙해지고 있는가?

인격적 성숙의 가장 분명한 기준은 '변화'다. 서로가 더 나은 사람이 되어 간다면 관계를 지속해도 좋은 신호다. 관계를 통해 기쁨이 점점 커지는가, 작아지는가? 관계의 장애물을 극복하면서 기쁨이 커지는 것은 사랑이 깊어지고 있다는 가장 정확한 표식이다. 기쁨이 오기 전에 고통이 수반되지만, 근본적으로 사랑이 자라고 있는지를 정직하게 살펴보자.

■ 만남이 '감정 충족 욕구의 수단'인지 점검해 보자

얼핏 보면 서로의 감정을 채우기 위해서 만나는 것이 무엇이 잘못인지 의아할 수 있다. 예를 들어, 혼자가 되는 것이 두렵고 함께 있는 감정을 느끼고 싶어서 연인 관계를 지속하는 사람이 있다고 하자. 그에게 다음과 같은 질문을 던져 볼 수 있다.

"만약 더 좋은 감정을 충족시켜 주는 대체제가 생기면 바로 갈아탈 것인가?"

이 질문에 "아니요" 할 수 없다면 잘못된 만남이다. 현재 내 감정적 필요에 의해서 상대를 '도구'로 삼고 있다는 뜻이기 때문이다. 더 나은 도구가 생겼을 시 가차 없이 버릴 수 있는 관계가 참 사랑일까? 상대는 '이용하고 착취하는 대상', 그 이상도 이하도 아니다. 상대를 진정으로 존중하고 있지 않다는 사실이 곧바로 드러나는 질문이다. 순수하게 인격적으로 좋아하는 것인지, 감정적 욕구를 채우려는 이기적인 목적을 가진 만남인지 진실하게 돌아보자.

■ 주변 사람들의 의견을 주의 깊게 들어야 한다

'주변 사람'이란 나를 구성하고 있는 환경적 요소다. 이 환경적 요소가 상대에 대한 반대 의견이 지배적이라면, 실상은 나와 상대가 어울리지 않는다는 것을 확실하게 보여 주는 것이다. 두 환경이 충돌한다면 무언가 이상하다. 이 관계를 반대하는 친구가 가짜 친구이거나, 반대하는 가족이 가짜 가족이거나, 아니면 상대를 향한 사랑이 가짜 사랑이라는 거다. 양립이 어렵다.

그래서 주변 사람들의 반대에 대해서는 마음이 많이 열려 있어야 한다. 만약 주변 사람들이 크리스천이 아니거나, 상대의 세속적 기준만을 가지고 반대한다는 생각이 든다면 분명히 전폭적으로 지지하는 사람을 한 명 이상 찾아보자.

헤어짐을 너무 두려워하지 말자. 헤어짐이 고민된다면, 일단 헤어져 보면 정확히 보일 수도 있다. 진짜 우정은 거리가 멀어진다고 변하는 것이 아니다. 진짜 사랑이라면 잠시 떨어져 있는 시간이 더 깊은 신뢰를 깨닫는 시간이 될 것이다.

•• 한 줄 정리 ••

헤어질까 고민될 때 하나님 앞에 나아가 하나님을 정직하게 대면하면 완전한 지혜를 허락해 주신다.

•• 기억할 말씀 ••

그는 정직한 자를 위하여 완전한 지혜를 예비하시며 행실이 온전한 자에게 방패가 되시나니(잠 2:7).

•• 나눔 ••

지금의 관계는 과연 건강한가? 내가 성찰할 지점은 없는가? 하나님이 나에게 말씀하시는 내용이 무엇인지 정직하게 성찰하고 나누어 보자.

어떻게 헤어지자고 말해야 하나요?

건강한 끝맺음

○ ○ ○

창세기에 나오는 야곱과 그의 삼촌 라반의 이야기를 아는가? 과정은 최악이었지만, 이별은 끝까지 정직하게 대화로 마무리되었다(창 31:41-55). 연인은 한때 가족보다도 친밀한 사람이었다. 그렇기에 끝맺음이 참 중요하다.

■ 최악의 상황은 일방적인 잠수 이별이다

갑자기 무응답으로 일관하거나 연락을 차단하는 방식은 안된다. 가장 기본적인 상식이다. 당하는 입장에서는 거절감이 깊고 상처가 오래 남는다. 상대는 도무지 무엇이 잘못되었는지, 헤어진 건지 아닌지 추측하느라 온 힘이 다 빠질 것이다. 물론 상대의 비인격적 언행으로 인해 신변의 위험을 느낄 상황이라면 예외지만, 일반적인 상황에서는 절대

일방적으로 잠수 이별을 해서는 안 된다. 그러면 어떻게 해야 할까?

■ '정직의 안경'을 끼자

사랑도 함께 시작했던 것처럼, 이별 또한 대화를 통해 함께 마무리해야 한다. 대화하는 태도는 '정직'이 최선이다. 실제적으로 헤어질 수밖에 없게 한 이유가 있을 것이다. 대부분 부정적인 이유라서 언급하기 껄끄럽더라도 반드시 그 부분을 짚고 소통해야 한다.

왜 헤어지게 되었을까? 상대를 사랑할 수 없는 '나의 한계'에 직면했을 수 있다. 내 감정이 사그라들었을 수도 있다. 이게 꼭 잘못은 아니다. 왜 감정이 식었는지 상대에게 짚어주어도 좋을 것 같다. 상대의 잘못이라면 그 부분도 언급해 주자. "당신의 변화를 바랐지만 어렵지 않았느냐"고 말해 보자.

슬프지만 회피하고 덮어 두는 것보다는 진실을 이야기하는 편이 좋다. 진실이 더 아픈 것 같아 보여도, 결국 모두에게 이롭다. 어차피 헤어져야 할 관계였음을 우리의 영혼은 진작 눈치채고 있었을 수 있다. 이제 때가 되었고, 준비되었을 뿐이다.

이별을 준비한다고 해서 크게 싸울 필요는 없다. 막장 드라마처럼 눈 뜨고 보고 싶지 않을 때까지 가야 하는 것도 아니다. 기도로 이별을 준비하면서 해야 할 말을 정리해 보자. 최대한 지혜롭게 헤어질 수 있도록 하나님이 도와주실 것이다.

■ 남은 사랑을 모두 드리리

긍정적인 부분도 꼭 표현해 주자. 그래도 한때 좋은 감정으로 만났던 사람이 아닌가. 얼마나 좋았는지, 얼마나 고마웠는지, 그 시간이 얼마나 아름다웠는지 이야기를 나누자. 남은 사랑을 다 주는 느낌으로 이야기하자. 이건 오히려 상대를 위해서라기보다는 나 자신을 위해서다. 내 마음에 남은 사랑을 깨끗하게 털어 내기 위한 시간이다. 헤어지는 순간에 충분히 표현하지 못한다면 이별 후 전화통을 붙잡고 일방적으로 쏟아 내기만 할지도 모른다.

■ 상대의 감정을 배려하라

상대가 아직 준비가 되어 있지 않다면 조금 더 관계를 유지해도 된다. 꼭 단칼에 끝내야 하는 것은 아니다. 상대가 감정을 충분히 표현할 수 있게 시간을 주라. 다만, 결심이 확고하다

는 점에 대해서는 단호하게 밝혀라. 서로 친구로 남는 것은 불
가능하다. 이별 후에 서로 연락을 유지하지 않도록 조심하자.

▶

•• 한 줄 정리 ••

이별할 때 상대와 나의 다음 사랑을 배려하자. 이별에 대해서 분명한
실마리를 가지고 있어야 다음 사랑도 건강하게 시작할 수 있다.

•• 기억할 말씀 ••

사랑할 때가 있고 미워할 때가 있으며 전쟁할 때가 있고 평화할 때가
있느니라(전 3:8).

•• 나눔 ••

이별 경험을 건강하게 평가해 보자.

이별을 건강하게 극복하는 방법

관계의 고통을 허락하시는 이유

○ ○ ○

헤어짐 이후에 가려져 있던 내면의 상처와 연약함이 수면 위로 올라오는 경우가 많다. 다음은 이별 후 하나님 앞에서 상처를 치유받은 한 자매의 간증이다.

"최근에 남자 친구와 헤어졌어요. 살도 10㎏이나 빠지고 나중엔 자궁 쪽에 통증도 올 정도였어요. 교제 기간 동안 저는 남자 친구의 말에 상처를 많이 받았고, 일방적으로 남자 친구에게 화를 많이 냈어요. 마치 화산이 터지는 것처럼 분노가 마구 쏟아져 나왔던 것 같아요. 그때는 제 감정의 원인을 잘 알아채지도 못했어요. 관계를 정리하고 나서 태어나서 처음으로 저를 돌아보는 시간을 가지게 되었어요.

일곱 살 때 엄마에게 상처받은 일이 떠올랐어요. 그 뒤로 엄마에게 사랑받는다는 확신 없이 어린 시절을 홀로 우울하게 보냈다는 것을 처음으로 인식하게 되었어요. 기도의 자리로 나아갔을 때 제가 얼마나 사랑받는 존재인지 하나님이 말씀해 주시는 경험을 했어요. 하나님은 '네가 사랑스런 존재라는 것을 알기 바랐다. 그리고 지금보다 더욱 사랑을 잘 주고받을 수 있는 어른으로 성장하길 바랐단다. 아주 많이 사랑한단다'라고 이야기해 주셨어요. 지금은 모든 것이 감사해요. 어제보다 나아진 제 모습을 보는 것도 행복하고, 하나님께 의지하는 삶을 살아가는 것도 행복합니다."

혼자 고립되어 있을 때는 대부분 자기 스스로가 누구인지 깨닫지 못한다. 물에 형상이 비치는 것처럼, 사람의 마음도 서로 비치기 때문이다(잠 27:19). 그래서 우리는 필연적으로 다른 사람과의 교제를 통해서만 비로소 나 자신을 성찰해 나갈 수 있다. 이런 이유로 하나님은 관계 속에서 일어나는 갈등을 성장의 도구로 사용하신다.

철이 철을 날카롭게 하는 것같이, 사람이 그의 친구의 얼굴을 빛나게 한다(잠 27:17). 철은 강하고 단단한 금속이다. 다른 철과 마찰시킬 때 불꽃이 튄다. 이 과정이 도망가고 싶을 정도로 아프고 괴로운 것은 어쩌면 당연할지 모른다. 이토록 치열한 부딪힘의 과정을 통해 우리의 인격은 훈련되고 연마된다.

이별 후에 겪는 크고 작은 내면의 갈등을 어떻게 처리하는 지는 정말 중요하다. 음주에 의존한다거나 섣부르게 다른 관계에 뛰어드는 미봉책을 선택하지 않기를 바란다. 하나님이 구하시는 제사는 상한 심령이다(시 51:17). 아이러니하게도, 하나님께 드릴 상한 심령의 예배가 아주 풍성하게 넘치는 시기이지 않은가! 그 어느 때보다 하나님을 만날 만한 은혜의 기회를 붙잡아 보자.

그렇다면 이별을 건강하게 극복하기 위한 구체적인 방법은 무엇인가?

■ 애도의 시간을 갖자

'애도'란 모든 의미 있는 상실에 대한 정상적 반응을 일컫는다. 애도의 지배적인 기분은 고통스러운 것이고, 이러한 기분은 외부 세계에 대한 흥미의 상실, 상실한 대상에 관한 기억에 몰두, 새로운 대상에게 투자할 수 있는 정서적 능력의 감소 등을 수반한다.[12]

정상적인 애도는 지극히 자연스러운 현상이다. 시간이 지나면 상실이 적응되고, 건강한 관계를 준비할 수 있다. 그리움이든, 슬픔이든, 분노든 우물물을 퍼 올리듯이 끝까지 다

퍼 올려야 한다. 슬픔을 부인하거나 지나치게 슬픔에 매여 있는 것 모두 건강하지 않다.

애도는 지극히 성경적인 방식이기도 하다. 예레미야애가 전체는 슬픔과 고통을 적나라하게 표현하고 있다. 고통도 충분히 감내할 만한 시간과 에너지를 필요로 한다. 덮어 두고 회피하면 나중에 이별을 털어 내는 데 소모되는 기간이 길어진다. 혹 굶주린 늑대가 아무거나 주워 먹듯이, 빠르게 다른 관계를 탐닉하게 될 경우 잘못된 만남에 이끌릴 가능성도 많다.

상대를 떠올리게 하는(reminder) 특정 장소나 물건을 보더라도 무덤덤해지는 순간이 찾아올 것이다. 얼핏 기억이 떠오르더라도 감정이 요동치지 않을 때 비로소 이별을 극복했다는 신호로 보면 된다.

■ 상대를 위해 기도하자

상대가 떠오를 때 그를 위해 중보하는 것은 이별을 극복하는 데 아주 큰 도움이 된다. 상대를 다시 볼 수 없을지라도, 하나님이 그의 삶을 지켜 주실 것이다. 서로의 관계는 실패했을지라도, 상대를 위해 가장 좋은 선물을 주는 중보의 시간은 나 자신에게도 큰 위로가 된다. 상대를 향한 하나님의 사랑을 확인한다면 관계를 온전히 내려놓고 정리할 수 있는 여유가 생길 것이다.

■ 용서를 구하고, 또 상대를 용서하자

혹시 만나는 동안 서로 잘못한 점이 있다면 용서를 구하고, 또 상대를 용서하자. 이미 헤어진 상태라 하더라도 가능하다. 하나님 앞에 범죄한 일이 있다면 자백하고 용서를 구하자. 용서는 더 이상 그 관계에 매이지 않기 위해 하는 것이다. 우리의 발목에 누군가 무거운 짐을 묶어 놓았다고 상상해 보자. 짐을 질질 끌면서 앞으로 나아가기란 쉽지 않다. 용서하는 작업은 자유하기 위한 작업이자 헤어짐의 최종 관문이다.

▶

•• 한 줄 정리 ••
이별의 과정은 아프고 쓰라리지만, 하나님이 은혜를 마음껏 부어 주시는 시간이다.

•• 기억할 말씀 ••
너희 믿음의 확실함은 불로 연단하여도 없어질 금보다 더 귀하여 예수 그리스도께서 나타나실 때에 칭찬과 영광과 존귀를 얻게 할 것이니라(벧전 1:7).

•• 나눔 ••
이별을 통해 미처 몰랐던 나의 모습을 발견하고 성찰하고 있는가? 이별을 극복하는 과정에 하나님 앞에 나아가 하나님을 대면하고 있는지 나누어 보자.

저는 왜 아직도 싱글일까요?

마음 점검하기

○ ○ ○

'왜 나는 아직 혼자일까?' 하며 궁금해하는 이들에게 몇 가지 이유를 든다면 다음과 같다. 오해하지 말자. 각자의 삶에 대한 하나님의 크신 계획과 때와 이유를 다 알 수는 없다. 다만, 가능성 있는 성찰 지점들이 도움이 될 수는 있다. 절대적 기준은 아니지만, 참고해서 점검하는 용도로 살펴보자.

1. 배우자에 관하여 지나친 욕심이 있다.

   • 완벽한 사랑관: 꿈에 그리는 이상형이 있을 거라고 믿는다. 완벽한 배우자상을 만나면 결혼이 순조롭게 풀릴 거라고 믿는다. 그래서 특정 조건의 상대를 탐색하기에 바쁘다. 혹은 상대가 내가 원하는 기대대로 움직여 주기를 바란다.

   • 비현실적인 기대: 그동안 꾸어 온 꿈이 너무 크다. 조금이라도

부합하지 않으면 그 만남을 이어 가지 않는다. 내가 원했던 그림과 어그러지는 것 같으면 일단 브레이크를 건다. 행복은 상황이 저절로 맞춰져서라기보다는 내가 '만들어' 가는 것이다.

2. 스스로 준비되고 훈련되어야 하는 부분이 있다.

- 낮은 자존감: 나 스스로를 어떻게 바라보고 있는가? 하나님의 시선이 자존감의 척도가 되어야 한다.

- 과거의 상처: 역기능적 가정에서 자랐는가? 과거의 이성들에 대한 기억은 어떤가? 상처와 트라우마가 있다면 그것에 계속 묶여서 앞으로 나아가는 데 방해가 된다.

- 인간관계의 미숙함: 다음은 철벽녀, 철벽남의 특징이다.[13] 그들은 경직된 바운더리를 지니고 있다. 바운더리를 침해하는 것도 문제지만, 바운더리를 두껍게 설정하는 것 또한 관계에 악영향을 끼친다. 내가 해당되는 것이 있는지 점검해 보자.

  – 다른 사람과 사생활을 공유하지 않는다.

  – 인간관계에 벽을 친다.

  – 상처받을 상황을 의식적으로 피한다.

  – 관계를 단칼에 정리한다.

  – 타인에 대한 기대치가 높다.

− 삶에 규칙을 엄격하게 적용한다.

3. 비성경적 결혼관 때문이다.

- 결혼에 대한 잘못된 동기와 기대: 외로움을 해결하고 행복을 보장해 주는 통로가 결혼이라고 믿는다. 진정한 만족은 '하나님과의 관계성'에 뿌리박고 있을 때만 가능하다.
- 결혼에 대한 부정적 생각: 막연히 결혼 생활이 실패할 것이라는 의문을 품고 있다.
- 인도하심에 대한 잘못된 기대: 하나님이 인도하시는 결혼이라면 운명론처럼 모든 일이 술술 풀릴 것이라고 기대한다. 참된 믿음은 언제나 우리의 노력을 수반한다.

•• 한 줄 정리 ••

완벽한 사람은 없다. 결혼에서도 완벽주의를 추구한다면 나와 상대를 해치게 된다.

•• 기억할 말씀 ••

선을 행하고 전혀 죄를 범하지 아니하는 의인은 세상에 없기 때문이로다(전 7:20).

•• 나눔 ••

내가 추구하는 결혼관과 배우자에 대한 이상이 비현실적인 것은 아닌지 주변 이들을 통해 점검을 받아 보자.

눈이 높은 게 무슨 잘못인가요?

'물지외능'의 올무

○ ○ ○

결혼이 늦어지는 사람 중에 주변에서 '눈이 높다'는 평가를 듣는 경우가 있다. 기준이 있다는 게 문제는 아니다. 다만, 사람을 데이터화해서 등급을 나누는 세속적 관점은 문제가 될 수 있다. 이를 '물질', '지식', '외모', '능력'(물지외능)으로 나누어 보았다.

■ 물질

자본주의 사회에서 '돈'에 관한 강력한 신념은 그 진이 매우 견고하고 두터운 듯싶다. "돈만 있으면 다 된다"는 말은 한 치의 의심 없이 동의를 얻는다. 정말 그러한가? 성경은 "부하려 하는 자들은 시험과 올무와 여러 가지 어리석고 해로운 욕심에 떨어지나니"(딤전 6:9)라고 하는데 말이다. 결혼 상대를 구할 때조차 '경제력'을 바라보는 태도는 분명히 파멸과 멸망에 빠지는 지름길이다.

성실하게 노동하고 얻는 소득을 무시하거나 애써 가난을 선택하는 것이 하나님의 뜻이라는 의미는 아니다. 부는 하나님이 주신 상급의 일부이기도 하다. 다만, 부자가 되려는 '욕심'으로 결혼 상대자를 고른다면 그 물질이 오히려 결혼 생활을 방해하는 올무가 된다는 점을 기억하자.

■ 지식

당신은 어떤 사람이 가장 똑똑하다고 생각하는가? 명문 대학에 입학하면 똑똑한 사람인가? 수능 시험 유형이나 양식이 변화하면 점수 또한 바뀔 수 있지 않을까? 성경은 정답을 이미 말하고 있다. "여호와를 경외하는 것이 지혜의 근본"(잠 9:10)이다. 왜 그럴까? 하나님은 천지를 창조하신 분이기 때문이다. 창조주이신 하나님과 가까이에서 교제하는 사람만큼 똑똑한 사람은 이 세상에 없다. 하나님은 우리 머릿속에 다 담기지 않으시는 분이다. 그분을 연구하고 생각하고 사모하는 사람은 이 세상의 학문을 뛰어넘는 지혜를 소유한다.

■ 외모

SNS가 보편화된 이 시대에 '외모'에 대한 평가에서 자유롭기는 어려운 것 같다. 그런데 어떤 기준으로 다른 이의 외모를 평가

해야 하는가? 우리 각자는 하나님의 예술 작품이다. 예술품을
감상하는 안목을 갖춘다면 세상 모든 이를 아름답게 감상할
수 있다. 자녀의 얼굴은 부모의 영광이다. 우리의 얼굴을 통
해 하늘 아버지의 영광이 드러난다면 가장 빛나는 얼굴이다.

■ 능력

가장 능력 있는 사람은 누굴까? 당신은 어떤 직업을 가진 사
람을 가장 존경하는가? 크리스천은 세상의 '빛'이다. 감히 빛
의 유용성에 대해 따질 사람이 있는가. 빛의 역할은 어두운
곳을 비추는 것이다. 우리 모두에게는 하나님 나라를 확장해
야 하는 사명이 있다. 하나님이 우리 각 사람에게 다른 재능
을 주신 이유는 무엇일까? 각자만의 방식으로 이 땅의 어두움
을 비추라는 의미다. 자신의 달란트를 하나님을 증거하는 데
활용하는 사람이 가장 능력 있는 사람이다.

출애굽기를 영화화한 〈이집트의 왕자〉를 보았는가? 영화
를 보면, 이스라엘 백성은 이집트에서 종 된 처지였음에도 그
곳을 탈출시키시려는 하나님의 계획을 그다지 반기지 않았
다. 왜 그랬을까? 당시 이집트 문화는 거대하고 찬란했다. 이
스라엘 백성은 눈앞에 반짝이는 문화의 영향을 전혀 받지 않

을 수 없었을 것이다.

오늘날 크리스천도 마찬가지다. '물지외능'이 세속적인 가치임을 모르는 크리스천은 없다. 다만, 세상에서 살다 보면 크리스천 역시 '물지외능'이 전부인 양 쉽게 휘둘리게 된다. 하나님은 이런 크리스천의 삶에 광야 길을 주셔서, 세속적인 가치를 빼내는 시간을 갖게 하신다. 그럴듯해 보였던 이집트 문화는 이스라엘 백성에게 사탄의 족쇄였음을 기억해야 한다. 그러니 기름기 쏙 뺄 수 있는 광야의 시간은 축복이다. 하나님의 사람들은 '물지외능'의 종노릇을 하지 않고, 하나님의 스펙만을 믿고 살기에 진정으로 자유하다.

•• 한 줄 정리 ••

하나님의 관점으로 상대의 '물지외능'을 살펴보라. 하나님을 먼저 구하지 않는다면 무너질 바벨탑을 쌓는 격이다.

•• 기억할 말씀 ••

그런즉 너희는 먼저 그의 나라와 그의 의를 구하라 그리하면 이 모든 것을 너희에게 더하시리라(마 6:33).

•• 나눔 ••

'물지외능' 중에서 가장 소유하고 싶은 조건은 무엇인가? 그것이 왜 중요한가? 하나님 나라를 위한 것인가, 아니면 자신을 위한 것인가?

소개팅을 꼭 해야 하나요?

사랑을 찾으려는 노력

● ● ●

"30대 중반의 모태 솔로입니다. 친구가 소개팅을 해 준다고 하네요. 그런데 상대의 나이가 저보다 다섯 살이 많아요. 성격은 진짜 좋다고 해요. 친구가 겪어 봤는데 저랑 정말 잘 어울릴 것 같대요. 근데 저는 내키지가 않아요. 상대는 신앙생활을 진짜 열심히 잘하는데 부모님은 교회를 안 다니신다고 하네요. 아참! 그 사람 키도 작대요."

소개팅이 들어와도 걸리는 게 너무 많다. 좋은 점보다는 단점이 계속 아쉽다. 결혼 적령기가 되어서 고독의 시기를 보내고 있다면 사람에 대한 고정관념과 편견이 있는 편은 아닌지 점검해 보았으면 한다. 에리히 프롬(Erich Fromm)의 《사랑의 기술》에 다음과 같은 문장이 나온다.

"사랑은 활동이며 영혼의 힘임을 알지 못하기 때문에 사람들은 단지 올바른 대상을 찾아내는 것만이 필요하며, 그렇게 되면 그 밖의 일은 모두 저절로 될 것이라고 믿는다. 이 태도는 그림을 그리고 싶어 하면서도 기술은 배우지 않고 올바른 대상만을 고르면서 대상만 찾아내면 아름답게 그릴 수 있다고 주장하는 사람의 태도에 비유할 수 있다."[14]

그런 사람들은 연애를 위한 구체적인 기술을 연마하는 일을 소홀히 하고 회피한다. 다음과 같은 노력을 기울여야 한다.

1. 필드로 나오자.

   드라마와 영화 속 연애는 실제와 다르다. 관계의 기술은 직접 마주치면서 배우는 수밖에 없다. 완벽한 외모의 여성, 각본대로 타이밍 맞게 움직여 주는 남성의 환상에서 벗어나야 한다. 필드로 직접 나와 이성을 알아보는 노력을 반드시 해야 한다.

2. 최선을 다하자.

   크리스천 청년들 중에서 감나무에서 감 떨어지듯 완벽한 배우자와의 만남을 기대하는 경우를 심심치 않게 볼 수 있다. 믿음이 아니라 미신에 가깝다. 초자연 법칙과 자연 법칙이 있다.

초자연 법칙은 기도로 가능하지만, 자연 법칙은 우리의 노력으로 채워야 하는 인과 법칙이다. 연애와 결혼도 똑같다. 왜 최선을 다하지 않을까? 200% 노력을 쏟아 부었는데, 거기에 미치지 못하는 결과를 받아들이기가 두렵고 좌절스럽기 때문은 아닐까? 이 지점을 용기 있게 극복한 사람들만 열매를 맺는다. 혹시 큰 시험을 앞두고 오답 노트를 만든 적이 있는가? 똑같은 문제가 나왔을 때 틀리지 않기 위한 효과적인 방법이다. 그런데 끝까지 노력해 보지 않은 사람은 오답 노트조차 작성할 수 없다. 오답 노트가 없으면 다음 시험에 같은 실수를 반복하게 된다. 안타깝지만 점수가 늘 그대로다.

▶

•• 한 줄 정리 ••

소개팅이 들어오면 일단 만나 보자. 그 사람과 성사되지 않아도 뭐라도 배울 수 있을 것이다. 이성과의 접촉을 최대한 늘려 보자.

•• 기억할 말씀 ••

사랑 안에 두려움이 없고 온전한 사랑이 두려움을 내쫓나니 두려움에는 형벌이 있음이라 두려워하는 자는 사랑 안에서 온전히 이루지 못하였느니라(요일 4:18).

•• 나눔 ••

이성 관계에서 용기가 안 나서 쉽게 포기하거나 합리화하지는 않았는가? 직면하기 어려운 이유를 성찰해 보자.

연애를 해도 오래가지 못해요

관계가 미숙한 이유

○ ○ ○

"저는 항상 사람의 단점을 먼저 보는 편이구요, 안 되겠다 싶으면 빨리 관계를 끝내 버리는 경향이 있었어요. 인간관계가 미숙한 것 같아요. 상대가 제가 생각하는 기준과 원하는 방식으로 표현하지 않을 때 제가 받으려고만 하고, 사랑함을 느끼고자 하는 마음이 크고, 상대를 이해하고 긍휼히 여기며 주는 사랑이 부족하다는 생각이 드네요. 이제 상대의 좋은 점을 먼저 보고 마음을 열려고 하는데 제가 먼저 실천해야 할 부분은 무엇일까요?"

인간관계에 미숙한 사람들 중에서 사람에게 임의로 꼬리표를 붙이는 습관을 지닌 경우가 많다. 제대로 알아 가기도 전에, 다른 이에 대해서 모든 것을 다 파악해 버렸다고 쉽게 규정해 버리는 것이다. 이는 다른 이와 깊은 관계성을 맺는 일을 치명적으로 방해한다. 따라서 다른 이를 내 생각대로 함부로 '판단'하지 않도록 조심해야 한다. 그런데 여기서 의문이 들 수 있다. 그렇다고 해서 '아무나' 만날 수는 없으니까 말이다. 다른 이를 판단하기보다 '분별력'을 키우는 관점이 성경적이다.

'판단'과 '분별'은 얼핏 들으면 뜻이 비슷해 보이지만 분명히 다른 용어다. 두 단어의 어원을 비교하면서 의미의 차이를 살펴보자.

- 판단하다(크리노): 결정하다, 언도하다, 결말짓다, 정죄하다, 판결하다, 간주하다, 정하다, 선고하다

  '판단'의 어원은 '크리노'다. '결정하다'라는 의미가 가장 핵심이다. 어떤 사람이 내가 보기에 '저건 아니다…' 싶을 만한 행동을 했더라도, 그 사람 자체를 내 생각에 가두어 결론짓는 결정을 내려서는 안 된다. 즉 '너는 쓰레기야'라고 명명해서는 안 된다는 뜻이다. '너는 쓰레기와 유사한 일을 저질렀어'라는 말과는 비슷한 것 같지만, 굉장히 큰 차이가 있다. 즉 사람에게 꼬리표를 붙이는 행동은 끝까지 보류해야 한다는 의미다.

누군가 치명적인 잘못을 저질렀더라도 그 사람을 죄인으로 단정 짓고 판결문을 작성하는 판사 놀이를 해서는 안 된다. 성경적으로 '판사'가 되실 수 있는 분은 유일한 하나님뿐이시기 때문이다. 하나님의 생각의 바운더리를 넘보는 행위는 명백한 죄다.

• 분별하다(아나크리노): 자세히 조사하다, 묻다, 구별하다, 찾다

이와 달리 '분별'은 우리에게 꼭 필요한 영역이다. 분별은 자세히 연구하고 조사하고 물어보는 태도로 공부를 해야 한다는 의미다. 공부를 잘하는 사람은 질문을 잘하고, 공부에 끝이 없음을 인정한다. '저 사람은 왜 저런 무례한 행동을 했을까? 그런 행동에는 어떤 배경이 있었을까? 내가 모르는 무언가가 있지는 않을까?' 하며 다각도로 질문하고 연구를 하는 것이 분별하는 태도다.

"네가 지금 왜 이런 행동을 하는지, 어떤 마음인지 이유를 알려 줄래?"

이렇게 열린 태도로 다른 사람을 계속 배우려는 마음을 갖는 것이 성경적으로 인간을 바라보는 관점이다. 사람에 대해서 함부로 단정하고 결론을 짓지 말자. 모르는 영역은 모르는 대로 내버려 두자. 판단하는 마음으로 결론을 내리지 말고,

알아 갈수록 더 모른다는 겸손한 배움의 자세를 늘 견지해야

한다.

▶

고독의 시기에는 무엇을 배워야 할까요?

실수를 통해 배우자

○ ○ ○

"남들 다 하는 연애가 저는 왜 이렇게 어려운가요? 하나님이 왜 저를 홀로 두시는 걸까요? 광야의 시간이 끝나긴 할까요?"

누구에게나 시행착오는 있다. 시행착오를 개선하지 않는 게 문제다. 과거의 만남을 반드시 되돌아보자. 오답 노트를 꺼내 들고 왜 틀렸는지 체크해 보자.

- 성숙해져야 할 인격적 성찰의 지점은 없는가?: 상대를 해치는 치명적인 성품이 있는 것은 아닌가?
- 상대를 잘못 골랐던 원인이 있는가?: 건강한 관점으로 상대를 바라보고 있는가? 사람을 분별하는 안목이 치우쳐 있거나 지나친 편견으로 경직되어 있는 것은 아닌가?

- 상대가 했던 말 중에 내가 꼭 기억하고 변화해야 할 지점은 무엇인가?: 나와 교제했던 과거의 상대는 오답 노트에서 별표를 쳐야 하는 가장 중요한 힌트들을 쏟아 냈을 가능성이 높다. 다시 되짚어 보자. 상대가 했던 언행에 분명히 답이 있다.

- 남성과 여성에 대한 기본적인 이해는 되어 있는가?: 여자와 남자는 분명히 다르다. 기본적인 차이에 대한 이해 없이는 건강한 관계를 유지할 수 없다.

- 순결에 대한 문제가 정립되지 않은 것은 아닌가?: 결혼은 단 한 사람에게 모든 것을 바치겠다는 의지와 결단이다. 단 한 사람만 순수하게 사랑할 준비가 되어 있는가?

- 상대의 바운더리를 존중하고 내 바운더리를 지킬 준비가 되어 있는가?: 바운더리는 자신만의 고유한 책임 소유다. 다른 이의 생각과 감정을 인정할 준비가 되어 있는가? 눈치 보지 않고 나 자신의 생각과 느낌을 자유롭게 표현할 수 있는가? 일방적으로 끌려다니거나 끌고만 가는 관계는 건강하지 않다.

- 보다 본질적인 내면의 상처의 치유를 위해 기도하고 있는가?: 어느 누구를 만나도 똑같은 패턴이 반복되는가? 이성 문제가 아니라, 과거 어린 시절의 상처에서 기인한 건 아니었는가? 부모님에게서 받아야 하는 사랑을 이성에게서 구한 것은 아닌가? 근본적인 사랑의 결핍은 하나님만 치유해 주실 수 있

다. 하나님께 먼저 나아가자.

- 책임을 지는 성인으로서 준비가 되었나?: 결혼은 독립이다. 스스로의 감정과 생각과 선택에 책임질 준비가 되어야 한다.

- 건강하게 사랑을 주고받을 준비가 되어 있는가?: 사랑을 주는 것만큼 사랑을 받아들이는 능력도 중요하다. 당신은 당신 자신을 건강하게 사랑하는가? 당신이 사랑받을 만한 자격이 된다는 사실을 충분히 수용하고 있는가?

•• 한 줄 정리 ••

실수를 통한 성찰 지점은 많으면 많을수록 유익하다.

•• 기억할 말씀 ••

이 모든 것 위에 사랑을 더하십시오. 사랑은 완전하게 묶는 띠입니다 (골 3:14, 새번역 성경).

•• 나눔 ••

지난 관계에서 얻은 교훈이 무엇이었는지 하나님께 기도로 묻고 나누어 보자. 주변 선배들과 교역자에게 조언을 구해 보자.

더 이상 어떤 기도를 해야 할지 모르겠어요

고독의 시기에 드리는 기도

❀ ❀ ❀

■ 결단의 기도를 드리자

나는 고독의 시기에 이런 기도를 드렸다.

"하나님, 배우자를 만나는 것, 내가 노력한다고 되는 게 아니네요. 그래도 언젠가 하나님이 배우자를 허락해 주실 텐데, 지금 이 가난한 마음을 항상 기억할게요. 가끔 배우자에게 서운하고 불평하게 되는 일들도 있겠죠. 그래도 하나님께, 그리고 배우자에게 감사하는 마음을 평생 잊지 않고 살게요."

당신도 하나님께 무엇 하나 걸어 보자. 하나님과 배우자에게 전달할 '마음의 태도'를 약속하자. 평소에 화를 많이 내는 스타일이라면 절제를 약속드리자. 인색하다면 나누기로 약속하자. 신앙생활에 소홀했다면 반드시 정기적으로 가정 예배를 드리겠다고 약속해 보자.

■ 하나님의 시선을 구하자

한 자매가 연애를 시작하기 전에 이런 기도를 드렸다고 한다.

"하나님, 이 형제를 내 시선으로 보지 않겠습니다. 사람의 시선은 가려 주시고, 주님의 시선으로 형제를 분별하게 해 주세요."

너무 아름다운 기도가 아닌가. 예수님을 영화에서 보면 아주 잘생기셨다. 그런데 성경에 의하면, 예수님은 실제로는 고운 모양도, 풍채도 없고 우리가 보기에 흠모할 만한 아름다운 것이 없었다고 한다(사 53:2). 하나님이 예수님 같은 배우자를 보내 주신다 한들, 우리가 못 알아보면 끝장이다. 하나님의 시선으로 배우자를 알아볼 수 있게 기도드리자.

고독의 시기, 나는 또 하나님께 이렇게 기도를 드렸다.

"하나님, 지쳤어요. 도대체 어떤 남자를 만나야 될지 모르겠습니다. 그런데 하나님은 제가 어떤 남자를 만나면 좋겠어요?"

그전까지는 항상 누군가에게 호감이 생긴 후에 기도를 시작했다. 이번에는 달랐다. 처음으로 하나님께 먼저 여쭤 보는 기도를 드렸던 거다. 하나님께 질문을 드린 후에 대답을 듣기 위해 귀를 쫑긋 세우고 있었다. 당시에 친했던 교회 동생이 우연히 하나님의 응답 같은 이야기를 들려주었다.

"언니는 언니를 잘 아는 사람을 만나야 될 것 같아."

평소에 나를 몇 년 동안 알고 지낼수록 의외의 모습이 많다는 이야기를 듣곤 했는데, 그 말이 왠지 머리에 콕 박혔다. 그러고 나서 갑자기 한 번도 고려해 보지 않았던 지금의 남편의 얼굴이 떠올랐다. 왠지 그 친구가 나를 잘 알고 있을 것 같다는 감이 왔다. 남편하고는 당시 교회 내 같은 소그룹 소속이었다. 나는 소그룹 리더였고, 남편은 멤버 중 한 사람이었다. 소그룹을 챙기면서 큰 힘이 되어 준 친구였다. 몇몇 선배들이 남편의 이름을 언급하면서 잘해 보라는 식의 이야기를 던졌던 기억도 떠올랐다.

처음 단둘이 만나던 날, 신기하게도 그간 한 번도 보이지 않았던 남편의 남자다운 모습이 눈에 들어왔다. 갑자기 친구에서 남자로 변해 가는 속도가 나조차 당혹스러울 정도로 빨랐다. 하나님이 로맨틱한 감정을 위에서부터 비처럼 쏟아 내려주고 계시는 듯했다. 마치 은혜를 받을 때처럼 분명한 하나님의 개입하심이었다. 알고 보니, 남편은 나를 첫눈에 알아보고 결혼할 사람으로 생각했다고 한다. 1년 4개월 정도의 연애 끝에 우리는 함께 다니던 교회에서 결혼식을 올렸다.

■ 겸손을 배우자

아무래도 20대 초반에는 대부분 연애를 조금은 가볍게 여기곤 한다. 쉽게 만나고 헤어지는 비율이 높을 수밖에 없다. 보통 20대 중반 이후부터는 진지하게 접근한다. 선택에 신중해진다.

서로 마음이 맞는 일이 쉽지만은 않다는 사실을 발견하게 된다. 그러면서 마음이 낮아지고 까다로웠던 조건들이 조정된다.

'너 아니어도 여자(남자)는 많아. 나 인기 많았거든!'

이런 거만한 생각이 조금이라도 깔려 있다면 소중한 사람을 소중하게 대할 수 없다. 그래서 하나님이 지난 만남의 아픔을 통해 배우자를 감사히 여기는 마음을 허락해 주시는 걸지도 모른다. 결혼 생활을 위해서는 한 사람과 장기적인 관계를 인내심 있게 가꾸어 나가야 하는데, 가장 중요한 태도가 겸손이기 때문이다. 기름기 쫙 뺀 본질 대 본질의 만남을 위해서, 하나님이 결혼 전에 여러 시행착오를 허락해 주시는 중이다.

•• 한 줄 정리 ••

고독의 시기는 겸손과 온유를 배우는 시기다. 내 감정과 생각을 앞세우지 말고, 하나님께 묻고 또 묻자.

•• 기억할 말씀 ••

나는 마음이 온유하고 겸손하니 나의 멍에를 메고 내게 배우라 그리하면 너희 마음이 쉼을 얻으리니(마 11:29).

•• 나눔 ••

당신은 어떤 사람을 만나야 할까? 하나님께 이성 교제에 대한 의견을 묻고 나누어 보자.

다섯.

이 결혼,
해도 될까요?

* celeceu*

건강한 결혼관

남자와 여자를 왜 구분 짓나요?

남자와 여자의 경계선

* * *

"항상 이런 식으로 생각하는 게 문제예요. 왜 '남자는?', '여자는?' 이렇게 구분 지어야 하는 거죠? 서로 편 가르기를 하지 않았으면 좋겠어요. 일반화된 성별 차이가 결국 편견이지 않을까요? 개인의 특성, 관심 분야의 다름, 힘의 차이 등이 존재할 뿐이죠. 차별과 혐오가 없는 세상을 위해 앞장서고 싶어요. 어린 시절부터 쌓아 온 고정관념이 혐오를 만든 것이라구요."

심리학과 뇌 과학 분야는 남녀 차이 유무를 놓고 논쟁이 뜨겁다. 남녀 차이는 분명히 존재한다는 주장에 잇따라 반박 주장이 쏟아져 나온다. 남녀 차이는 단순히 고정관념이며 '실제로' 그런 것은 없다는 것이다. 남녀 차이가 아닌 개인차만 있을 뿐이라고 주장한다.

반면 남녀 차이에 관해서 성경은 하나님이 인간을 딱 두 종류로 나누셨다고 말한다. 단 두 종류의 인간에게 각각 다른 이름을 붙여 주셨다. 이름은 존재의 특성을 규명한다. 하나님이 남자와 여자는 각각 다른 범주에 속한다고 천명하신 것이다.

어떤 사안이 극명하게 상반된 두 주장으로 갈린다면 둘 중 하나만이 명백한 참일 가능성이 크다. 여호와를 경외하는 것이 지혜의 밑바탕인데(잠 9:10), 이 사실을 멸시하는 자는 하나님 반대편에 서게 된다.

'차이'와 '차별'을 혼동해서는 안 된다. 남녀 차이의 유무를 인정하는 것은 '객관적'인 다름을 확인하는 것이고, 남녀 차별은 인격적인 '태도'의 문제다. 완전히 다른 성질의 개념이다. 두 가지를 같은 선상에 둔다면 필연적으로 논리적 오류를 낳는다. 예를 들어, 폭력적인 상황이 벌어졌다고 생각해 보자. 폭력은 다름을 규정했기 때문에 발생한 것인가, 아니면 개인을 존중하지 않은 자세의 문제인가? 이혼 사유 중에 '성격 차이'가 많이 등장하는데, 과연 성격 차이 자체가 이혼을 최종적으로 결정하게 하는가? 오히려 성격 차이를 이해하고 수렴하지 않는 태도가 더욱 문제시되는 것 아닌가?

부디 오해하지 않기를 바란다. 익히 들어 왔던 남녀의 차이가 개인차를 반영하지 못한 편협한 생각인 경우는 얼마든지 찾아

볼 수 있다. 여기에는 진정성 있는 토론과 끊임없는 생각의 전환이 필요할지 모른다. 그러나 논의할 때 딱 한 가지 규칙은 지키자. 하나님이 규정해 놓으신 '선'을 넘지는 말자. 남녀 차이가 없다는 둥 동성애도 하나님이 허용하신다는 둥 이런 생각은 하나님이 그어 놓으신 선을 말끔히 지워 버리려는 시도다. 명백히 하나님의 생각의 바운더리를 침범한 무례한 행위다. 하와가 선악과를 따 먹을 때 뱀의 속삭임도 그렇게 시작되었다.

"참으로 그렇게 말씀하시더냐."

•• 한 줄 정리 ••

하나님은 남자와 여자를 구분해서 지으셨다. 그렇지만 둘을 차별하지는 않으셨다.

•• 기억할 말씀 ••

예수께서 대답하여 이르시되 사람을 지으신 이가 본래 그들을 남자와 여자로 지으시고 말씀하시기를 그러므로 사람이 그 부모를 떠나서 아내에게 합하여 그 둘이 한 몸이 될지니라 하신 것을 읽지 못하였느냐(마 19:4-5).

•• 나눔 ••

'남자와 여자의 차이를 인정하는 것'과 '차별을 지양하는 것'을 헷갈리지는 않았는가?

성경적인 관점으로 남자와 여자를 가르쳐 주세요

건강한 역할 구분

○ ○ ○

■ 성경은 남자와 여자를 차별하지 않는다

성경은 여자를 차별하는 책이라는 오해가 있다. 그러나 성경은 오히려 당시의 다른 문서들보다 여자에 대해 훨씬 개방적이었다. 예수님은 그 시대상에 비해 항상 급진적인 자세로 여자를 존중해 주셨다.[15] 하물며 요즘 시대에는 어떻게 적용이 되겠는가. 마찬가지로 남자라는 이유만으로 차별받아서도 안 된다. 우리는 열린 마음으로 남녀 각 개인의 특성을 존중하고, 특성에 맞는 사회적 역할을 인정해 주어야 한다.

남녀가 이토록 서로 편 가르기를 하며 싸우게 만드는 배후에는 사탄의 영향력이 있다. 분열을 조장하는 악한 영의 흐름에 단호하게 거절을 표하자(벧전 5:8-9). 우리 모두는 단 한 사람도 빠짐없이 남자와 여자의 결합으로 이 땅에 태어났다. 남자와 여자는 공생 관계이지, 물고 뜯고 싸우는 대상이 아니다. 분명히 남자 없이 여자가 없고, 여자 없이 남자가 없다(고전 11:11).

■ 성경적 남편과 아내의 역할

지금부터는 남자와 여자가 아닌, '남편'과 '아내'가 될 준비를 해 보자. 여자와 남자가 한 몸을 이루면 남편과 아내라는 새로운 관계성에 맞는 역할이 부여된다. 하나님은 가정 공동체의 질서를 위해 남편을 '머리'로 세우셨다(엡 5:23). '머리로 세우셨다'는 말은 남편이 첫 번째 리더십을 감당한다는 의미다. 인격적인 중요도로 차별하는 것이 아니라 '역할'의 차이를 설명한다.

리더가 팔로워보다 더 중요할까? 그렇지 않다. 팔로워가 인정해 주지 않는 리더는 허수아비일 뿐이다. 요즘 인스타그램이라는 SNS를 하는 청년들이 많다. 피드를 열심히 올리는데도 불구하고 팔로워가 '좋아요'를 누르지 않는 계정은 '관계성'의 관점에서는 의미가 없다. 따라서 리더와 팔로워의 관계는 누가 먼저랄 것 없는 동역의 관계다.

나는 리더십이 강한 여성에 속한다. 그럼에도 남편과의 관계에서 리더 역할을 하는 것은 무거운 멍에처럼 느껴진다. 먼저 남편이 이끌어 주었을 때 마음이 편하고 안심이 된다. 결혼을 통해 남자는 리더십 있는 남편이 되어 가고, 여자는 리더를 따를 줄 아는 아내가 되어 간다. 아내는 남편을 향해 신뢰를 거두지 않는 법을 익히면서 겸손해지고, 남편은 나의 유익보다 아내를 먼저 배려하는 법을 배우며 이타적으로 변한다.

구체적으로 남편과 아내의 역할은 무엇인가? 남편이 지붕이라면 아내는 기둥이다. 이 말이 무슨 뜻인지 자세히 살펴보자.

■ 남편의 책임감

남편은 집의 지붕이다. 지붕의 핵심은 책임감이다. 지붕은 비가 내리고 바람이 몰아칠 때 가장 먼저 비바람을 맞는다. 집을 보호하기 위해서다. 남편이 지붕 역할을 잘하면 가정이 든든하고 안전하게 지켜진다. '힘든 일, 위험한 일은 내가 먼저 감수하겠다'는 결단, '무슨 일이 있어도 포기하지 않고 집을 보호하겠다'는 결단이 필요하다.

무책임한 남편을 만나면 여자는 늙어 간다. 지붕이 역할을 다하지 않고 내려앉았다고 생각해 보자. 받쳐 주고 있는 기둥 (아내)은 힘겹다. 책임감이란 끝까지 내 자리를 지켜 내는 태도다. 남편은 가족을 세상 풍파로부터 지키는 사람이다.

■ 아내의 격려

지붕이 아무리 제 역할을 잘하고 있어도 기둥이 무너지면 그
집은 무너진다. 지붕의 역할은 고되다. 어쩌다가 잠깐 비가
샐 수도 있다. 그간 지붕의 수고를 다 잊어버리고는 "그럴 거
면 내가 하고 말지…" 하며 남편을 못 잡아먹어 안달이면 안
된다. 남편의 하나부터 열까지 전부 다 마음에 안 든다고 불
평하는 아내는 어리석다. 기둥이 흔들리면 지붕도 제 역할을
다할 수 없다. 지붕이 책임감 있게 역할을 수행하려면 기둥의
격려가 필수적이다. 격려는 칭찬과 비슷하지만, 조금 다르다.
격려를 어떻게 해야 하는지는 다음을 참고해 보자. [16]

- 칭찬은 결과(행위) 중심이지만, 격려는 과정(노력)에 초점을 맞
춘다.

- 칭찬은 탁월한 존재로 바라보지만("당신은 능력이 뛰어나"), 격
려는 소중한 존재로, 감동과 감탄으로 바라본다("당신 어쩜 이
렇게나 노력하는 거야. 고마워").

- 칭찬은 실패에 대한 두려움을 주지만("다음에는 더 잘하지 못
해서 실망하면 어쩌지…"), 격려는 실패를 배움의 기회로 삼는
자세를 갖게 한다("노력만으로 가치가 있으니 더 열심히 수고해야
겠다").

- 격려는 그 순간, 그 사람에게 필요한 말을 해 주는 것이다.

지붕이 내 마음에 쏙 들었을 때만 결과 중심적인 칭찬을 해 주는 게 아니다. 솔직히 그건 남이어도 해 주지 않는가. 오히려 지붕에 흠집이 생겼을 때, 실수를 했을 때 변함없이 격려하고 받쳐 주는 것이 아내의 역할이다. 리더인 남편의 마음을 이해하기 시작할 때 아내가 될 준비가 된 것이다!

•• 한 줄 정리 ••

기둥 없는 지붕은 쓸모가 없고, 지붕 없는 기둥은 처량할 뿐이다.

•• 기억할 말씀 ••

지혜로운 여인은 자기 집을 세우되 미련한 여인은 자기 손으로 그것을 허느니라(잠 14:1).

이와 같이 남편들도 자기 아내 사랑하기를 자기 자신과 같이 할지니 자기 아내를 사랑하는 자는 자기를 사랑하는 것이라(엡 5:28).

•• 나눔 ••

나는 상대를 사랑할 준비가 되어 있나? 부족한 점을 솔직하게 나누어 보자.

자매에게 필요한 3가지 태도

열린 태도, 솔직함, 신뢰

●　●　●

■ 열린 태도를 가져라

"저는 원래 남의 충고를 잘 안 듣는 자매예요."

이렇게 말하는 자매와의 관계는 호감을 느낀다고 하더라도 오래가지 않는다. 형제는 좋아하는 자매에게 어떻게든 도움이 되려고 하고, 자신이 '필요한' 사람인가에 대한 확신을 얻고 싶어 한다. 힘써 해 준 충고나 조언을 잘 받아들이지 않는 자매는 형제 입장에서는 내적인 두려움을 자극시킨다. 속으로 이렇게 생각할지도 모른다.

'내가 쓸모가 없나? 나를 무능력하게 바라보고 있군.'

자매 입장에서는 설마, 그렇게까지 말하려던 건 아니었다. 그러나 형제들은 자기 조언을 듣지 않는 자매에게는 발붙일 곳이 없다고 느낀다. 그러다가 자매와 거리를 두기 시작한다.

자매 입장에서는 내가 뭘 잘못했는지 도통 이해할 수 없다. 형제들이 관계보다는 직장 생활에 더 집중하는 경향이 많은 것도 같은 맥락이다. 직장에서는 정확히 나에게 맡겨진 '업무'가 있다. 적어도 내가 쓸모없다고 느껴지지는 않는다. 그런데 자매 곁에 내가 존재할 '이유'가 무엇인가?

"네가 뭘 안다고 그래?"

도움을 주려다가 무시당한 경험을 떠올려 보자. 경멸하고 내리까는 태도는 말이 아니더라도 눈빛과 육감을 통해 전부 전달된다. 그런 사람에게는 두 번 다시 도움을 주고 싶지 않다. 일반적인 관계에서도 그런데, 하물며 자매를 사랑하는 형제는 어떨 것 같은가. 무시당한 상처는 생각보다 깊을 수 있다.

그래서 형제가 뭔가 도와주려고 할 때 열린 태도로 받는 자매가 사랑받는다. 그 도움이 꼭 필요하진 않았다 하더라도, 상대는 어쨌든 나를 생각해 준 고마운 사람이지 않은가. 최선을 다했음을 인정해 줘야 마땅하다. 형제는 "사랑한다"는 말보다는 "고맙다"는 말을 더욱 필요로 한다. 감사 표현은 남녀 관계가 아니더라도 기본 중의 기본이다. 하나님도 마찬가지시다. 하나님이 우리에게 주시는 일반 은총이 있기는 하지만, 그분은 우리의 요청을 항상 기다리고 계심을 기억하자.

■ 약점을 솔직하게

"사실 저는 마음이 여리거든요. 안 그러는 척하는 것뿐이에요. 그런데 남자들은 그걸 모르더라구요."

세상의 모든 자매의 공통점이 뭔지 아는가? 항상 상처받기 쉬운 자신을 의식하고 산다는 거다. 그런데 사회는 만만하지 않다. 솔직히 조금 차갑다. 약하다는 건 능력이 없다는 의미로 받아들여지는 듯하다. 울고만 있었더니 이리 치이고 저리 치이고 외면당해 왔다. 그래서 선택한다. 여자가 아닌 '엄마'가 되기로. 상대를 돌보면 나도 돌봄 받을 수 있으리라 기대하기 시작한다. 사실 애정과 관심은 내가 받고 싶은 건데, 쿨한 척 자꾸 주변 사람들을 챙긴다. 엄밀히 말하면, 진실로 배려해 주고 싶은 동기는 아니다. 내가 원하는 돌봄을 받기 위한 의도된 노력이다. 강한 척하지만 자꾸 무너진다.

그러다 형제를 만나면 내적 갈등이 폭발해 버린다. 자매 입장에서는 사랑을 베풀면 형제에게서 무언가 돌아올 거라 기대한다. 그러나 바라는 사랑은 오지 않고, 점점 관계가 기울어진다. 형제들은 리더로서의 인정에 목말라 있는데, 자매가 오히려 뭔가를 더 많이 주는 구도가 되어 버린다. 이미 자매는 110점이고, 형제는 60점짜리다. 이런 자매에게 어떻게 점수를 따낼 수 있을까. 형제는 실패감을 느껴 자매로부터 멀어지고, 자매는 그 이유를 도무지 알 수 없다. 되돌아오지 않는 사랑에 실망감과 좌절, 배신감마저 느낀다. 관계는 악순환을 반복한다.[17]

약점을 숨기는 건 사회생활을 할 때나 하는 거다. 좋아하는 형제에게는 마음을 내보여도 된다. 아니, 그래야만 관계가 발전된다. 내 속이 어떠한지 눈치채지 못하게 꽁꽁 싸매고 있어서는 안 된다. 남자는 본능적으로 여자에게 얼마나 큰 애정이 필요한지를 잊어버린다. 여자가 남자의 인정 욕구가 얼마나 큰지를 자주 잊어버리는 것처럼 말이다. 그러니 아닌 척하고 있는 건 남녀 관계에서 독이 된다.

남자를 품어 주는 건 그의 엄마가 하는 거다. 형제를 낳아 주신 엄마가 따로 계시지 않는가. 좀 무너지고 취약한 모습을 보여 줘도 괜찮다. 여기에도 분별과 지혜는 필요하지만 말이다.

■ 신뢰는 관계의 첫 단추

냉소적인 자매는 가장 어렵고 까다로운 유형이다. 팔짱을 낀 채 상대를 미심쩍게 바라본다. 유심히 한번 살펴보겠다고 눈을 가늘게 뜬다.

'날 좋아해 봤자 얼마나 좋아하겠어. 어디 한번 지켜보긴 할 텐데, 이렇게 잘해 주는 것도 솔직히 얼마나 가겠어?'

이런 자매 앞에서는 농담 한 번 건네기가 어렵다. 솔직히 무섭다. 사랑을 그야말로 완벽하게 하다가 한 번이라도 실수하면 "네가 그럼 그렇지. 남자는 다 똑같아" 하며 바로 거절당할 것 같다. 여자이기보다는 취조하는 형사 같다. 남자가 미소 짓는 여자를 좋아한다는 건 통설이다. 왜일까? 미소에는 '냉소'의 기운이 전혀 없기 때문이다. 미소 짓는 여자에게는 조금 실수하더라도 수용해 줄 것 같은 따스한 온기가 맴돈다.

관계를 시작할 땐 '신뢰'가 첫 단추다. 남녀 관계뿐만이 아니다. 어떤 관계든지 처음엔 믿고 시작하는 것이 유리하다. 설사 나중에 그 믿음이 잘못이었다고 판명이 나더라도 말이다. 의심과 불신은 좋은 만남의 가능성을 원천봉쇄해 버린다. 마음을 꽁꽁 닫고 있으면 치유와 회복의 기회가 차단된다. 물론, 마음을 여는 속도를 지혜롭게 조절하는 것은 반드시 필요하다. 이는 냉담한 태도와는 전혀 다른 문제다.

'냉소적 불신 척도를 판단하는 질문 문항'에 답하면서 스스로를 점검해 보자. 이 중 한 가지라도 해당된다면, 기도를 통해 그 쓴 뿌리를 제거하자.

〈냉소적 불신 척도를 판단하는 질문 문항〉(Cook & Medley, 1954)[18]
- 대부분의 사람들은 다른 사람들을 돕기 위해 자기 자신을 기꺼이 내놓지 않는다.

- 대부분의 사람들은 수익 혹은 이득을 얻는 데 다소 부정한 방법을 사용한다.
- 대부분의 사람들이 출세하려고 거짓말을 한다고 생각한다.
- 대부분의 사람들은 이득이 있기 때문에 친구를 사귄다.
- 아무도 믿지 않는 것이 안전하다.
- 아무도 당신에게 무슨 일이 일어나는지 신경 쓰지 않는다.
- 대부분의 사람들은 거짓말이 들킬까 봐 두려울 때만 정직하다.
- 나는 일반적으로 나에게 잘해 주는 사람의 숨겨진 저의가 무엇일지 궁금하다.

•• 한 줄 정리 ••

관계에서 중요한 태도는 상대를 향한 열린 태도, 약점을 드러내는 용기, 신뢰다.

•• 기억할 말씀 ••

아무 일에든지 다툼이나 허영으로 하지 말고 오직 겸손한 마음으로 각각 자기보다 남을 낫게 여기고(빌 2:3).

•• 나눔 ••

3가지 태도 중 나에게 가장 부족한 태도는 무엇인지 점검해 보자.

호감 있는 자매에게 표현하는 방법

자매와 신뢰를 쌓는 대화법

○ ○ ○

■ 두려움부터 정복하고 시작하자

얼음 감옥에 갇혀 있는 듯 벌벌 떨고 있는가? 일단, 두려움부터 정복하자. 그래야 뭐가 되도 된다. "하나님, 저 자매를 제게 주소서"라고 믿음의 선포를 해 보자. 용기의 상징 갈렙처럼 담대히 나아가 보자. 아직 불안한가? 그 자매 앞에서 작아지는가? 아직은 액션을 취할 때가 아니다. 어쩌면 '그 자매'는 당신과 어울리지 않는 짝일 수도 있다. 자매는 형제의 자신감 여부에 민감하다. 내가 의지할 사람인지를 본능적으로 확인한다. 두려울 땐 움직이면 안 된다. 믿음으로 평안한 마음이 들 때 연락을 취하라.

■ 회색 지대 견뎌 내기, 조급해하지 않기

사랑은 성공과 실패의 이분법을 취하지 않는다. 여자를 잘 만나는 친구를 떠올려 보라. 별것 없다. 무조건 찌르고 다닌다. 그야말로 회색 지대를 잘 견뎌 내는 친구다. 솔직히 아주 순수하다고 볼 수는 없지만, 조금은 벤치마킹하라.

원래 자매들의 삶은 서열과 성공으로 점철되어 있지 않다. 남자들에 비해 확실히 회색 지대가 많다. 당신의 사랑의 성공과 실패 여부에 지나치게 점수를 매기고 있지 않다. 한 번 실수한다고 잘못되는 것이 아니다. 이게 무슨 사이인가 싶어도 너무 조급해하지 말라. 조금 애매한 그 지점을 조금만 견디자. 여자의 반응이 바로바로 오지 않는다고 해도 좌절하지 말자. 여자의 마음은 서서히 열리는 게 원칙이다. 원래 얻기 어려운 것이다. 내 선에서 정말 최선을 다했다고 하면, 만약에 그 자매랑 잘되지 않았어도 다음 호감녀를 만났을 때 다 쓸모 있게 될 거다. 버리는 것 하나 없다.

진정한 사랑에 실패는 없다. 만약 그 자매와 잘되지 않았더라도 좋은 감정을 표현했다면 그 자체로 성공한 거다. 용기 내어 고백했던, 진심으로 잘해 줬던 마음이 이미 자매의 삶을 풍요롭게 했을 거다. 진정한 사랑은 보상을 바라지 않는다. 시도를 했고 용기를 낸 걸음을 응원한다. 일단 누구든 자기더러 좋다고 하면 기분은 좋다. 어렵게 생각하지 말고 다가가라.

■ 연락과 표현을 하면서 신뢰를 쌓아 가기

그럼 어떤 식으로 연락할 것인가? 진짜 '연락'만 하라는 뜻이 아니다. 연락은 친해지기 위한 수단일 뿐이다. 3개월간 주구장창 스팸 문자를 보내지 말라. 너무 드문드문 간만 보지 말라. 목표는 신뢰를 쌓아 가는 거다. 정서적으로 친해지는 거다. 메시지보다는 전화가 좋다. 자매는 청각에 약하다. 야심한 밤에 자매의 청각을 자극하자.

자매와 이야기할 수 있는 시간과 공간을 확보했다면, 어떻게 대화를 이어 가야 할까? 정보를 공유하고, 당신의 전문성을 어필하는 시간이 아니다. 제발 다큐멘터리나 뉴스를 틀지 말라. 당신이 무슨 말을 하는지는 중요하지 않다. 자매의 말을 얼마나 경청하고 있는지에 집중하라.

1. 대화의 주제는 '자매'의 일거수일투족

    대화의 주제는 '자매' 그 자체가 되어야 한다. 자매가 무슨 생각을 하고 사는지, 오늘은 무슨 일이 일어났는지, 오늘 기분은 어땠는지, 그동안 어떻게 살아왔는지, 요즘 무슨 기도를 하고 있는지…. 들어야 할 이야기는 수없이 많다. 자매 자체가 대화의 화제가 되고 공통 주제가 될 때 자매는 점점 마음을 열게 된다. 정보를 캐내듯이 취조하라는 뜻이 아니다. 사랑을 담아

관심을 기울이는 게 핵심이다. 자매 입장에서 형제에게 호감
이 없다면 굳이 개인사를 오픈하지 않을 것이다.

2. 질문을 잘 던져라.

이야기를 나누기 전에 대화를 이끌어 낼 질문을 준비하자.
질문을 던진 후 온 마음을 다해 대화에 집중하자. 내용을 토
대로 인터뷰하듯이 또 다른 질문을 엮어 보자. 대화가 깊어
질수록 질문이 구체적이면 좋다. 이야기에 집중하다 보면
다음 질문이 저절로 떠오를 것이다. 궁금한 걸 물어보면 된
다. 이렇게 굴비 엮듯이 대화를 이어 나가자.

자매의 상황과 감정에 대해서 극진한 관심이 있음을 어필하
라. 이런 대화가 반복되면 자매는 다음 대화에서도 자신과 관
련된 것들을 당신에게 쏟아 놓고 싶을 것이다. 점점 정서적으로
당신을 의지하게 되고, 쉽게 빠져나올 수 없는 그물에 걸리게
될 거다. 이렇게 정서적 교감이 많아질수록 긍정적인 신호다.

3. 다음 대화의 약속을 분명히 하라.

"내일 또 전화하자", "이따가 문자할게", "다음에 여기서 보
자", "다음에 같이 뭐 하자", "내가 액션을 할게" 등 다음 일정
을 약속하라. 자매가 당신과의 관계에서 안정감을 누리게 되

고 수다 떨 '다음 말들'을 준비해 놓고 있다면 100점이다.

여기까지 됐다고 하자. 썸이 시작된 거다. 자매도 자연스럽게 당신에게 연락을 취하고 만남에 거리낌이 없다면 그다음부터 한 달 이상은 끌지 말자. 이제부터는 예기치 않은 선물을 준다든지, 점점 전략적으로 밀도를 높여 가야 한다. 1, 2, 4, 8, 24, 50, 100! 관심과 애정의 정도가 점점 확장되는 느낌과 동시에 자매의 마음이 많이 열렸음을 당신도 직감하게 될 거다. 그때쯤 곧 고백할 거라는 암시를 주라.

•• 한 줄 정리 ••

진정한 사랑에 실패는 없음을 기억하고 지혜롭게 다가가자.

•• 기억할 말씀 ••

사랑하는 자들아 만일 우리 마음이 우리를 책망할 것이 없으면 하나님 앞에서 담대함을 얻고(요일 3:21).

•• 나눔 ••

신뢰를 얻기 위해 노력했던 경험을 나누어 보라. 상대를 배려하며 부드럽고 지속적으로 사랑을 전달한 적이 있는가? 그 결과는 어떠했는가?

지혜로운 아내로 준비되고 싶어요

아내에게 필요한 성품

　○　○　○

■ 여자는 예뻐야 한다?(벤전 3:3)

아무래도 자매는 외모에 민감하다. 헤어스타일, 메이크업, 패션 스타일을 추구하다 보면 끝이 없다. 오해하지 말자. 단벌숙녀가 되라는 게 아니다. 하나님이 주신 나만의 여성성을 받아들이고 아름다움을 발견하는 습관은 반드시 필요한 영역이다. 다만, 말초 신경만을 자극하는 태도는 건강한 관계 유지에 별 도움이 안 된다. 하루는 끊임없이 불평불만을 쏟아 놓다가, 다음 날에는 화려한 치장을 한 모습을 형제가 과연 좋아할까? 질적인 관계는 외모가 아닌 '태도'로 결정된다.

당신의 정서적 근육은 탄탄한 편인가? 조금만 마음이 상하면 어떻게든 되돌려 갚으려고 하지는 않는가? 성경은 아내에게 '온유'하고 '안정한 심령'으로 단장하라고 말한다(벤전 3:3-4).

177

■ 온유(벧전 3:4)

'온유'란 '화를 내지 않고 매사를 겸손하게 받아들이는 부드러운 마음'을 의미한다. 반대는 '공격성'이다. 쉽게 격노하는 것으로 표출된다. 잔소리를 쉬지 않고, 꼬장꼬장 까다롭게 군다. 특히 자매들은 직접적인 방식이 아니더라도, 상대가 기분 나쁠 수 있는 부위를 은밀하게 공격할 숨겨진 능력이 있다! 서운하면 어떻게든 상대를 건드려야 직성이 풀린다. 오해하면 안 된다. 건강한 분노는 필요하다. 내 바운더리를 침범했을 때는 분노하는 게 옳다. 다만, 나는 대접받아 마땅하다는 채워지지 않는 이기심에 의한 분노는 절제해야 한다.

■ 안정한 심령(벧전 3:4)

'안정한 심령'이란 '고요하고 침착하고 평화를 퍼트리는 안정된 기질'을 의미한다. 반대말은 '불안'이다. 불안한 사람을 떠올려 보자. 감정 기복이 지나치게 심하고 안절부절못하면서 주변 사람들을 달달 볶는다. 불안은 영적인 훈련을 통해서 점차 평안으로 변화되어야 한다. 안식하는 훈련을 하자. 자매의 삶에는 하나님과 누리는 경건한 쉼이 필수적이다.

■ 순종(벧전 3:5)

"상대가 존경스럽다면 순종하는 게 어렵지 않겠죠. 안 그러니 문제 아니겠어요?"

정말 그럴까? 입장을 바꿔 보면 똑같다. 남자들도 사랑스런 여자를 만나고 싶지만, 여자들도 언제나 사랑스러움을 유지(?)하긴 어렵다. 표정이 구겨질 때도 있고 퉁명스러울 때도 많다. 그럼에도 한결같이 자매를 사랑스럽게 봐 주면 얼마나 고마운가. 형제들도 똑같다. 존경할 수 없을 것 같은 모습을 보일 때 신뢰를 바로 거두어 버리면 리더의 자리가 항상 위태로워진다. 자매들이 항상 자리를 인정해 주고 순종하는 자세로 따라 줄 때 형제들이 얼마나 고마울지 입장을 바꾸어 보자.

•• 한 줄 정리 ••
속사람을 정결하게 단장하는 아내가 남편을 구원한다.

•• 기억할 말씀 ••
너희의 단장은 머리를 꾸미고 금을 차고 아름다운 옷을 입는 외모로 하지 말고(벧전 3:3).

•• 나눔 ••
나는 외모에 얼마나 신경을 쓰고 있는가? 속사람을 단장하는 시간과 비교해 보자.

지혜로운 남편으로 준비되고 싶어요

남편에게 필요한 성품

● ● ●

■ '지식을 따라'–여자를 공부하는 남자(벧전 3:7)

가장 업그레이드된 제품은 나중에 출시된다. 여자가 남자에
비해 더 복잡하기 때문에 하나님이 여자를 남자보다 나중에
지으셨다는 설이 있다. 여자는 확실히 남자에 비해 섬세하고
민감하게 다루어야 한다. 그래서 아내를 공부하려는 자세를
갖춘 남편이 존경받는다.

공부를 잘하는 사람은 질문을 잘한다. 그 자매에 대해서 섣
불리 알았다고 생각하지 말고, 끊임없이 질문하자. 자매와 교
제한 기간이 길어질수록, 혹 결혼 이후에도 자매를 다 안다고
과신하면 안 된다. 공부를 잘하는 학생은 공부를 멈추지 않는
다. 시험공부를 제대로 해 본 사람은 안다. 공부를 할수록 모
르는 게 항상 나온다. 자매가 원하는 게 무엇인지 질문하고

탐구하는 습관을 갖자.

■ '아내를 내 몸같이'-관심과 공감을 표현하는 남자(엡 5:33)

여자에 대해 꼭 알아야 하는 핵심이다. 에베소서는 아내 사
랑을 내 몸같이 하라고 말한다(엡 5:33). 이 말씀만 이해해도 반
이상은 먹고 들어간다. 여자가 남자한테 원하는 건 이 말씀에
거의 다 들어 있다.

우리 몸은 항상 우리 자신과 연결되어 있다. '연결감'이 핵심
이다. 남편의 가장 큰 실수는 아내에게 무관심한 거다. 남편
은 매일 하루도 빠짐없이 세수를 하고 밥을 먹는다. 왜? 내 몸
이니까. 아내도 이렇게 대해 주라는 뜻이다. 매일매일 내 아
내를 돌봐 줘야 한다. 하루라도 정서적으로 교류가 없으면 여
자의 마음속에 불안이 싹튼다. 만약 소개팅에서 만난 자매가
마음에 든다면 매일 어떤 형태로든지 안부를 물어보라.

'여자는 공감을 먹고 산다'는 말을 수없이 들어 왔다. 도대체
공감이 뭐기에? 내 몸처럼 느끼는 태도가 공감이다. 치통에
시달린다고 하자. 얼마나 고통스러운가! 온종일 신경이 곤두
선다. 이게 바로 공감이다. 내 몸이니까 당연히 느껴지고 이
해가 된다. 아내가 바라는 공감이 바로 이런 거다.

'치통? 에이, 그거 뭐 별거 아니잖아.'

내 치아인데, 당장의 고통에 무관심할 수 있는가? 가볍게 여길 수 있는가? 절로 눈물이 찔끔 흐르고, 빨리 나아지기만을 바라지 않는가. 상대의 아픔을 내 아픔처럼 동일하게 느끼는 마음, 이게 공감이다.

■ '연약한 그릇으로 여겨라'-여자를 조심스럽게 대하는 남자(벧전 3:7)

회사나 군대 문화를 떠올려 보자. 상사의 영향력이 매우 크다. 상사와의 관계에서 부하 직원은 상대적으로 취약할 수밖에 없다. 상사의 말 한마디에 예민하고, 상사의 관심을 받기 위해 티 안 나게 노력하는 부분도 있을 수 있다. 그래서 좋은 리더는 팔로워를 조심스럽게 대하는 리더다. 동료들 사이에서는 통했던 가벼운 장난이나 농담이 부하 직원에게는 심한 상처가 될 수 있다.

그래서 좋은 남편은 아내가 나보다 연약하다는 것을 항상 마음에 새기고 있는 사람이다. 아기를 돌보는 심정으로 배려해 주는 거다. 남자와의 우정은 어깨를 맞대는 거다. 아내에게 이런 우정을 기대해서는 안 된다. 논쟁과 부딪힘은 아내 입장에서는 게임이 아니라 괴롭기만 한 고역의 시간이다. 성경은 "남편들아 아내를 사랑하며 괴롭게 하지 말라"(골 3:19)고 말한다. 약한 그릇은 쉽게 깨진다. 쉽게 상처받는다는 뜻이다. 유리병을 함부로 다뤄서 깨졌다고 상상해 보자. 날카로운 조각들이 당신의 발을 찌를지도 모른다. 그때 가서는 다루기가 굉장히 어려워진다. 미리미리 조심할 줄 아는 형제가 지혜롭다.

■ '귀히 여기라'-값비싼 대가를 치르는 남자(벧전 3:7)

성경은 아내를 귀하게 대하라고 말한다. 사람은 소중하게 여기는 것에 비용을 지불한다. 아내를 위해 값비싼 대가를 치르라는 의미다. 인격적으로 성숙해 가는 형제들의 최종 관문은 '희생'이다. 경제적 책임을 다하기 위해 수고할 준비가 되어 있는가? 정서적으로 내가 더 '상처받더라도' 감수할 용기가 있는가? 상대가 당신을 위해 무엇을 해 주고 있는지 셈하고 따지는 습관을 버리자. 사랑은 보상을 바라는 게 아니다. 인정을 바라서도 안 된다. 당신의 희생만큼 인정이 돌아오지 않는다 하더라도 정말 괜찮은지를 정직하게 물어보자. "괜찮다"고 대답할 수 없다면 그건 사랑이 아닌 거래일 뿐이다.

자매들은 가정을 꾸리기 전부터 '조건 없는' 사랑을 본능적으로 이해한다. 사랑하는 남편에게도 아낌없이 베풀 준비가 되어 있다. 장담컨대, 결론적으로는 당신의 손해가 아니다. 하나씩 주고받는 더치 페이식 사고를 아내에게 적용하지 말자.

너무 어렵게 느껴져 포기하고 싶은가? 우리 안에 희생적인 사랑이 존재하지 않음을 철저히 인정하는 것이 훌륭한 출발점이다. 성령님의 도우심을 의지하면 된다. '내'가 죽고 '예수'로 사는 삶이 가능하도록 하나님의 사랑을 간구하자.

▶

•• 한 줄 정리 ••

예수님도 우리에게 값없는 희생을 치르셨다. 진정한 희생을 아무도 몰라줄지라도, 최종적으로 하나님이 알아주신다.

•• 기억할 말씀 ••

너희 기도가 막히지 아니하게 하려 함이라(벧전 3:7).

•• 나눔 ••

보상을 바라지 않았던 희생과 헌신을 한 적이 있는가? 교회 활동이나 자원봉사 경험을 통해 얻은 것을 나누어 보자. 앞으로 이끌 가정을 위해 빛도 없이, 이름도 없이 헌신할 준비가 되어 있는지 정직하게 나누어 보자.

절대 결혼하면 안 되는 사람이요?

배우자 선택의 기본

○ ○ ○

배우자를 선택할 때 주의할 점이 있다. 가장 기본적으로는 '악인'을 피해야 한다. 악인의 기준은 무엇인가? 성경에서 말하는 '의인'과 '악인'의 구분을 보자. 둘의 차이점은 '죄'의 여부가 아니다. 하나님의 절대 기준에서 사람은 모두 죄인이기 때문이다.

악인과 의인의 여부는 죄를 정직하게 '인정'하고 돌아서는가에 달렸다. 자신의 잘못을 인정하고 시인하지 않는 사람이 악인이다. 자신이 잘못 행동할 수 있음을 반추하고 돌이키는 사람은 결국 선한 방향으로 나아갈 여지가 있다. 크리스천이라면 기본적으로 갖추어야 하는 태도다.

매일 거울을 보는가? 만약 얼굴에 지저분한 이물질이 묻어 있다면 바로바로 씻어야 한다. 거울을 보지도 않고, 씻지도 않는 사람과 합숙을 한다고 생각해 보자. 고역이지 않은가. 이처럼 매일 영적인 거울을 보고 영혼을 청소하는 사람이 의인이다. 우리가 흔히 들었던, '회개'의 작업이다. 이를 거부하는 사람은 자신이 씻어야 하는지조차 모르는 영적 맹인이다. 그는 자신의 결점은 차마 보지 못하고, 오히려 상대에게 책임을 전가한다. 배우자는 서로의 얼굴을 가장 많이 보는 상대이기 때문에 이런 배우자와 사는 일은 고통의 연속일 수밖에 없다.

열왕기하 8장 16절 이하를 보면 유다 왕국의 여호람과 아하시야왕의 이야기가 나온다. 그들의 공통된 특징이 한 가지 있는데, 두 왕 모두 '잘못된 배우자'를 선택했다는 것이다. 둘 다 '아합의 집안'과 결혼했다. 성경에서 '아합의 길'은 대표적인 악의 길이다. 또한 그들은 배우자를 따라 악한 길에 동참했다. 하나님 보시기에 악한 일을 행했다. 이처럼 배우자를 선택할 때 하나님 앞에서 자신의 죄를 인정하지 않는 악인을 만나는 일은 꼭 피해야 한다.

또한 배우자를 선택할 때 편향된 감정을 주의해야 한다. 배우자를 확신하는 데 있어서 얼마만큼 '로맨스'에 중요성을 두어야 할까? 로맨스가 무엇인가? 세상의 모든 조명이 우리를 비추고 있는 것 같은 황홀한 기분이 들어야만 하는가? 드라마나 영화에서 본 것 같은 감정이 충만할 때 결혼해야 하는 건가?

우리는 감정을 바라볼 때 일단 두 가지 태도를 지양해야 한다.

1. 감정을 무관심하게 배제하는 태도다.

    감정이 전혀 없는데, '물지외능'의 조건에 맞추어서 하는 결혼, 회사를 합병하듯이 계산적으로 실행하는 결혼은 당연히 하나님이 원하시는 결혼이 아니다.

2. 감정을 지나치게 맹신하는 경우다.

    감정을 맹신하는 사람은 쾌락의 감정에 아주 큰 점수를 부여한다. '이 사람은 내가 그동안 느껴 보지 못했던 감정을 느끼게 해 주는 사람이다', '나는 이 사람이 없으면 죽을 것 같다', '이 사람이 아니면 절대 안 될 것 같다'는 열정만으로 결혼을 확신해서는 안 된다. 이런 감정이 있으면 어떠한 고난도 다 이겨 낼 수 있을 것 같다는 태도, 감정을 지나치게 크게 생각해 감정에 의존해서 내리는 결정 또한 하나님의 뜻이라고 보기 어렵다.

두 가지 감정 모두 편향되어 있다. 감정이 아주 불타오르지 않는다고 해서 꼭 배우자가 아니라고 보기 어렵고, 반대로 현재 감정이 불타오르고 우리만큼 뜨거운 사랑이 없을 것 같다고 해서 하나님이 주신 배우자라고 속단하는 것도 자제해야 한다.

왜일까? 첫째 경우가 빠뜨린 것은 인격적인 관계에서 감정은 필수 사항이라는 점이다. 예수님이 우리를 사랑하신다는 사실을 어떻게 확인하는가? 예배드릴 때 하나님의 위로를 경험하고 눈물을 흘리는 것이 필수는 아니지만, 이러한 경험이 우리를 향한 하나님의 사랑을 확신하게 하는 통로가 됨을 부인할 수는 없다.

둘째 경우처럼 감정이 사랑의 전부라고 정의를 내리는 건 위험천만한 일이다. 그렇다면 모든 불륜과 동성애, 잘못된 만남들 또한 사랑으로 정당화될 것이다. 수많은 결혼 생활이 일시적인 감정에만 집중했을 경우에 산산조각 깨어졌다. 당신의 감정을 진지하게 살펴보라. 하루에도 몇 번씩 오락가락하는 그 감정을 근거로 인생의 중요한 선택을 내릴 것인가?

사탄은 우리의 감정을 이용해 사랑이 아닌 것을 사랑처럼 착각하게 하는 데 선수다. 거짓이 사탄의 능력이다. 그래서 내가 붙잡고 있는 이 감정이 누구로부터 온 것인지를 점검해야 한다.

•• 한 줄 정리 ••

결혼 상대를 만날 때 자신의 잘못을 얼마나 성찰하고 돌이키는 사람인지를 반드시 확인하자. 또한 내 감정의 출처가 어디인지 하나님께 물어보자.

•• 기억할 말씀 ••

너희는 너희 아비 마귀에게서 났으니 너희 아비의 욕심대로 너희도 행하고자 하느니라 그는 처음부터 살인한 자요 진리가 그 속에 없으므로 진리에 서지 못하고 거짓을 말할 때마다 제 것으로 말하나니 이는 그가 거짓말쟁이요 거짓의 아비가 되었음이라(요 8:44).

•• 나눔 ••

나는 감정을 배제한 선택을 추구하는가, 아니면 감정에 지나치게 의존된 선택을 추구하는가? 두 가지 모두 합리적인 결정을 방해하는 이유를 생각하고, 실수한 경험을 나누어 보자.

배우자인지 어떻게 알아볼 수 있을까요?

배우자 점검 리스트

* * *

다음은 교제를 하면서 점검해 볼 수 있는 리스트다.

■ 만남이 자연스럽고 편안하다

일단 만남이 인위적이면 안 된다. 너무너무 편해야 한다. 상대에게 안기고 싶고, 안고 싶어야 한다. 같이 있으면 '원래부터 알던 사람 아닌가?'라는 착각이 들 정도여야 한다. 아담과 하와는 서로를 또 다른 '나'라고 지칭했다. 이질적으로 느껴지면 짝이 아니다.

■ 상대의 단점이 보이지만 감싸 주고 싶다

단점이 없는 사람은 없다. 하나님이 주시는 배우자는 서로를 돕는 배필이다. 상대의 단점은 내가 도와줘야 하는 내 영역의 일이 된다. 그래서 더 잘 눈에 띌 수도 있다. 내가 도와줄 수 있는 단점인지를 따져 보자.

■ 이성으로서의 매력이 충분하다고 느껴진다

하나님은 인격적인 분이시다. 당신의 기호를 무시하지 않으신다. 이성으로서 특별히 내가 그 사람을 매력적으로 보게 되는 요소는 당연히 있어야 된다.

■ 상대에게 내 고집을 꺾을 수 있는가?

중요한 항목이다. 진정한 사랑은 변화와 성장을 가져온다. 어떤 갈등이 있다고 하자. 내가 그동안 살아온 가치관과 어긋난다. 그럼에도 자발적으로 내 고집을 꺾고 상대의 뜻에 한 번이라도 굽히려는 의지가 생기는가? 진심으로 상대의 생각에 수긍하는가? 부부는 자발적으로 상호 순종하는 관계다. 상대를 사랑하기 때문에 내 의지를 꺾고 싶다는 생각이 든다면 너무 좋은 신호다.

■ 공동체의 축복이 따라온다

공동체를 통해 하나님의 응답을 확인하는 일은 안전벨트와 같다. 하나님 안에서 교제하는 공동체에서 이 만남을 축복해 주고 있는지 꼭 살펴보자. 하나님이 만나게 해 주신 사람이라면 분명히 주변 사람들의 축복이 함께 찾아올 거다.

■ 상대에 대한 영적인 완성형의 모습이 그려진다

누군가를 만났다. 사람들은 "그 여자가 뭐가 예뻐?", "그 남자가 어디가 좋아?", "뭘 보고 만나?" 하며 의아해한다. 그 영혼이 가장 아름다울 때의 모습이 서로에게는 비친다. 서로만큼 완벽한 사람이 없다. 현재의 모습이 완벽해서가 아니다. 지금은 내 기대와 조금 다를지라도, 상대의 영혼을 만드신 하나님의 시선으로 유일무이한 아름다움을 발견할 수 있는 거다. 상대의 단점을 모르는 게 아니다. 그러나 그것과 비교할 수 없을 만큼 강점이 크게 보인다. 마음 가득 꽉 차는 느낌이다.

■ 두려움이 극복된다

성경은 진정한 사랑은 두려움을 내쫓는다고 말한다(요일 4:18). 이 말은 진리다. 배우자를 만나기 전까지는 조금이라도 자존심이 상하면 마음이 꽁꽁 얼어붙었다. 한 발자국도 양보하고 싶지 않았다. 그 사람이 맞을까 봐 불안한 마음을 애써 외면하고 싶어도 스멀스멀 피어올랐다. 이제는 다르다. 그전에는 극복할 수 없었던 두려움이 극복된다. 어디서부턴지 용기가 생긴다. 하나님은 상황을 극복할 용기를 주시는 방법으로 응답하시는 경우가 많다.

서로를 진심으로 생각하고 있어도 마음이 전달되지 않는 만남은 성사되기 어렵다. 《5가지 사랑의 언어》(생명의말씀사, 2010)[19]라는 책에서 저자는 각자 받고 싶은 사랑의 형태와 모양이 다르다고 언급한다. '인정하는 말', '스킨십', '함께하는 시간', '선물', '봉사' 등 5가지다. 내가 받고 싶은 사랑의 언어를 상대가 익숙하게 구사하고, 반대도 성립된다면 저절로 자신감이 생긴다. 서로의 마음이 잘 전달되는 관계다.

■ 어느새 미래를 향해 걷고 있다

"우리의 사랑은 영원할 거니까 이곳에 우리 사랑을 새겨 넣을 거예요."

보통 지나치게 다른 사람에게 사랑을 증명해 보이고 싶어하는 커플은 조금 위험해 보인다. 진짜 신뢰는 눈으로 꼭 보여야 하고 확인해야 하는 형태가 아니다(히 11:1). 사랑에는 어떤 증거도 필요하지 않다. 크리스천이 십자가 목걸이를 꼭 해야 하는 게 아닌 것처럼 말이다.

결혼할 사이라고 공공연히 외치지 않더라도 두 사람의 미래를 자연스럽게 서로에게 맡기게 되는, 미래를 향해서 어느 순간 동행하며 걷고 있는 그런 사람이 배우자다. 마음 편하게 교제하고 있다 보니, 어느 순간 상견례도 하고 있고 결혼식장도 알아보고 있다. 하루하루의 시간 속에서 걸어가다가 어느 순간 결혼을 하게 되고 자연스럽게 미래가 펼쳐지는 그림이어야 한다.

이 밖에 절대적 기준은 아니지만, 유머 코드가 일치하는지('세계관이 같다'는 의미), 신앙적인 색깔이 비슷한지, 상대를 닮은 아이를 낳고 싶은지 등도 점검해 보면 좋다.

▶

•• 한 줄 정리 ••
하나님이 인도하시는 만남은 인위적이지 않다. 응답을 구하지 않아도 응답임을 자연스럽게 깨닫게 된다.

•• 기억할 말씀 ••
믿음은 바라는 것들의 실상이요 보이지 않는 것들의 증거니(히 11:1).

•• 나눔 ••
하나님이 어떤 환경을 응답하신 경험을 나누어 보자. 어느 순간 닫혔던 문이 열리고, 하나님이 열어 주신 길을 평안하게 걸어갔던 기억을 떠올려 보자.

이 결혼, 정말 해도 될까요?

결혼 점검하기

■ 나는 평생 상대를 사랑할 의지가 있는가?

지금까지 하나님이 인도해 주셨는가? 그렇다면 감사하라. 그렇지만 조심할 게 있다. 최종 선택은 하나님도, 주변 사람도 대신해 주지 않는다. 결혼 결정을 앞두고 치열하게 고민해 보자. 선택은 오로지 내 몫이다. 그렇다면 최종 책임도 다름 아닌 '나'에게 있다. 여기에 밑줄을 쫙 그어야 한다. 결정은 '나'의 의지다. 마음에 새기고, 도장을 쾅쾅 박고, 글로 적어 두자. 어느 누구도 당신을 강제로 결혼시키지 않는다.

나는 상대를 한평생 사랑하겠는가? 그럴 만한 의지가 있는가? 그 선택을 순전히 내 몫으로 여기기로 결단하는가? 결혼 생활을 하다가 힘든 순간이 찾아올 것이다. 결혼은 '삶'이기에 그렇다. 때로 상대에게 화가 나고 실망할 때도, 상대가 늙거

195

나 병이 들었을 때도, 설사 상대가 나를 더 이상 사랑하지 않는다고 느껴지는 순간에도 상대를 향한 나의 언약을 지킬 것인가?

결혼식은 하나님과 사람들 앞에 약속을 선포하는 날이다. 결혼식 전에 혼자만의 시간을 확보하고, 먼저 하나님 앞에 결단하는 시간을 보내라.

"하나님, 제가 이 사람을 선택합니다. 평생 하나님 앞에 이 사람을 향한 순결한 사랑을 약속하고 결단합니다. 최선을 다해 책임지는 사랑을 해 나가겠습니다."

■ 상대는 평생 나를 사랑할 의지가 있는가?

상대는 어떤가? 상대는 나의 현재, 과거, 미래 모습이 어떠함과 상관없이 나를 의지적으로 선택할 사람인가? 혹 나의 '물지외능'을 보고 나를 선택한 것은 아닌가? 변함없는 나의 인격과 영혼의 모습을 이해하고 사랑하고 존중하는 사람인지를 다시 한 번 점검해 보자.

■ 하나님이 우리 관계에 개입하시는가?

관계의 주인은 하나님이시다. 하나님은 우리의 생각도 설득하시고, 감정도 부어 주시는 분이다. 하나님 없이는 아무것도 안 된다. 아직도 이 지점을 모른다면 결혼 생활을 시작하기가 조금 위험하다.

하나님이 진실로 이 관계를 기뻐해 주시는가? 주변 공동체의 확증이 있는가? 둘 사이에 문제가 생기고 미래에 예측할 수 없는 수많은 상황이 닥칠지라도, 하나님이 둘 사이에 지속적으로 개입해 주실 것을 약속해 주셨는가? 서로에게 하나님이 종종 깨달음을 주시어 관계를 성장하게 해 주시는가?

"저희는 하나님 안에서 바로 서 있는 커플이 되려고 노력을 많이 해요. 그런데 정말 잦은 싸움으로 힘이 들어요. 얼마 전에 여자 친구와 싸우고 기도하는데, 하나님이 제가 먼저 다가가라는 마음을 주셨어요. 깨달은 바대로 기도의 방향을 바꾸니 마음이 한층 더 기뻐지고 더 소망하게 되더라구요."

커다란 바윗돌이 있을지라도, 하나님이 치워 주시고 잘게 부수어 주실 수만 있다면 문제가 되지 않는다. 하나님의 축복을 확인하라. 그 믿음과 확신이면 충분하다. 상대가 믿음이 '좋아 보이기' 때문에 당연히 하나님이 축복하실 거라고 맹목적으로 믿지 말라. 구체적인 사인을 구하라. 결혼은 둘의 사랑만 믿고 하는 게 아니다. 충분하지 않다. 우린 인간이다. 하루에도 수없이 바뀌는 게 감정이다. 어떻게 믿을 수 있는가! 하나님을 믿어야 한다.

연애하는 동안 하나님이 관계에 개입하셨는가? 결혼을 진행하면서 하나님의 도우심을 목도하고 있는가? 이 말이 추상적으로 들린다면 그 관계가 하나님이 허락해 주신 관계가 맞는지 다시 구해 보라. 당신의 영적 수준에 맞추어서 응답해 달라고 하나님께 요청하라. 하나님이 당신이 '알아들을 수 있도록' 분명히 말씀하실 수 있다. 침묵을 조심하라. 응답이 없다면 조금 더 기다렸다가 결혼해도 늦지 않다. 응답이 헷갈리면 주변에 기도를 부탁하고 꼭 확증을 받아라. 지금 단계에서는 하나님의 적극적인 개입하심이 눈에 보여야 한다.

그렇다면 하나님이 결혼을 반대하시는 신호도 있을까? 하나님이 결혼을 반대하신다고 볼 수 있는 가능성이 있는 사례들을 소개하겠다. 기도하는 마음으로 참고하라.

- 하나님은 평안으로 인도해 주신다. 상대가 자꾸만 나를 떠날 것 같고, 나 혼자만 애쓰는 기분이 드는가? 기질 차이일 수도 있지만, 계속 불안감이 사라지지 않는다면 다시 기도해 보라.
- 결정적인 순간에 관계가 자꾸 어긋난다. 한 사람이 자꾸 결혼에 대한 중요한 결정 앞에서 발을 뺀다면 그는 지금 관계를 정

직하게 직면하고 있지 않을 가능성이 크다.

- 내 중요한 신앙관과 충돌하지는 않는가? 믿지 않는 사람과의 결혼은 모험 그 자체다. 99%는 후회한다. 결혼 후에 함께 자녀를 챙겨서 자모실에서 예배를 드릴 수 없는 상대를 하나님의 뜻이라고 보기는 어렵다.

- 고쳐지길 바라는 단점이 그대로라면 고민해 보라. 진정한 사랑은 상대를 위해 끊임없이 자신을 변화시킨다. 상대가 정말 나를 사랑하는가? 무엇을 보고 확신할 수 있는가?

- 솔직히 상대가 감당이 안 된다면 다시 생각하라. 사람마다 각자의 색깔과 기질이 있다. 결혼할 상대라면 어느 정도 예측 가능한 수준에 있어야 한다.

- 내 진짜 모습을 보여 주기 힘들다면 심각하다. 솔직히 생각해 보자. 내 민낯을 보여 주기 어려운 이유는 무엇인가? 내 독특한 이력과 가정사, 상처를 꺼내면 상대가 떠나지 않을까 염려되는가? 언제까지 숨길 수 있을까? 결혼 전에는 직면해야 한다.

- 상대가 좋은 이유가 '감정'뿐이라면 경계하자. 결혼 생활은 가끔 먹는 군것질거리가 아니다. 초콜릿은 달콤하지만 매일 먹고 살 수는 없다. 매일 상대와 일상적이고 반복적인 가정생활을 영위해야 한다. 초콜릿만 먹으면 건강에 탈이 난다. 만나서

발전되는 일은 스킨십뿐이다.

- 상대가 최선일까 끊임없이 묻게 된다면 이제는 결단을 내리자. 주변 가족들과 지인의 반대는 가장 확실한 증거 중에 하나다. 반대 때문에 헤어지라는 것은 아니다. 다만, 상대를 맹목적으로 수용해서는 안 된다. 사랑이 아닌 욕심이 낳은 결과인지 살펴보자.

▶

•• 한 줄 정리 ••

하나님의 인도하심에는 평안과 소망이 있다. 그렇지 않다면 하나님의 뜻이라 보기 어렵다. 솔직히 정답은 나 자신이 제일 잘 알고 있다.

•• 기억할 말씀 ••

그들과 혼인 관계를 맺어서도 안 됩니다. 당신들 딸을 그들의 아들과 결혼시키지 말고, 당신들 아들을 그들의 딸과 결혼시키지도 마십시오. 그렇게 했다가는 그들의 꾐에 빠져서, 당신들의 아들이 주님을 떠나 그들의 신들을 섬기게 될 것이며, 그렇게 되면 주님께서 진노하셔서, 곧바로 당신들을 멸하실 것입니다(신 7:3-4, 새번역 성경).

•• 나눔 ••

신앙이 없는 사람과의 결혼에 대해 어떻게 생각하는가? 왜 나는 신앙이 있는 배우자를 만나야 하는 건지 솔직하게 나누어 보자.

배우자를 만나기만 하면 될까요?

건강한 결혼 준비

○ ○ ○

'나는 크리스천이니까, 기도했으니까 잘되겠지 뭐. 배우자를 만나면 첫눈에 사랑에 빠지겠지.'

하나님의 뜻이라면 아무런 막힘없이 '완벽하게' 맞아떨어질 것이라고 생각하는 경우가 많다. 특히 배우자 문제는 이상하게 운명론적인 생각을 많이 하곤 한다.

한국 교회의 대표적인 문제 중에 하나가 '맹신'적인 신앙생활이라고 한다. 맹신이란 눈을 가리고 믿는다는 뜻이다. 어떤 구체적인 내용이나 근거 없이 막연하게 모든 일이 술술 잘 풀릴 것이라고 믿어 '버리는' 것이 맹신이다. 성경을 가만히 살펴보면 하나님이 단 한 번도 '요술 램프'식의 응답을 약속하신 적이 없는데도 말이다. 설교 내용을 내 상황에 천편일률적으로 적용하는 태도는 위험하다.

여호수아서에 나오는 '가나안 땅 정복 이야기'를 기억해야 한다. 가나안 땅은 하나님이 허락해 주신 땅임에도 불구하고 이스라엘 백성이 가나안에 도착하자마자 평온하게 거주할 수 있었던 것이 아니다. 그 땅을 차지하기 위한 구체적인 전쟁이 분명히 존재했다. 우리가 하나님께 간구하는 모든 기도도 이와 같은 방식으로 이루어진다. 참된 믿음은 기도만 하고 감나무에서 떨어지는 감을 받아먹는 행위가 아니다. 하나님이 마치 우리의 종업원이신 양 우리 입 속에 달콤한 열매들을 가져다가 바쳐 주시는 분이 아니라는 사실을 반드시 명심해야 한다.

맹신적인 믿음의 뿌리는 결국 '나 중심'이다. 막연하게 '하나님이 나 중심으로 움직여 주시겠지' 하고 지레짐작하는 행위다. 이렇게 아무 노력 없이 입만 뻥긋 기도한 후 결과를 기다리는 것은 기도라기보다는 주문에 가깝다.

진짜 믿음은 반대다. 믿음의 중심에 내가 아닌 주님이 계신다. 오히려 우리 편에서 기도 응답이 '온전히' 이루어지기 위해 열심으로 하나님의 손과 발이 되어 드리는 것이 참된 신앙이다. 기도가 인격적인 책임을 대신할 수는 없다.

기도하고 하나님의 인도하심을 구하고 있다면 정말 잘한 일이다. 그러나 그것만으로 모든 것이 보장되지는 않는다. 최선을 다해 관계를 가꾸어야 한다. 이후 결혼 생활도 마찬가지다. 마치 행복한 교회를 세우는 것처럼, 구체적인 헌신과 지혜, 인격이 자라나는 가운데 평생 완성을 향해 나아가는 과정이기 때문이다.

그렇다면 나는 건강한 결혼을 위한 준비가 되었을까?[20] 한번 점검해 보자. 행복한 결혼 생활을 위해서는 다음 3가지 욕구를 내려놓아야 한다. 예수님도 광야에서 동일한 시험을 당하셨다는 사실을 염두에 두자.

1. 자율성의 욕구

"너는 하나님의 아들이니, 이 돌들한테 말해서 빵 덩이가 되게 해 보아라"(마 4:3, 메시지성경).

- 사탄의 속삭임: "네가 원하는 것을 선택할 권리를 누려라."
  → "맞아요. 오늘 아침 밥을 안 먹었어요. 그래서 육회비빔밥을 먹고 싶어요. 지금 당장 먹어야겠어요."
  얼핏 들으면 당연한 권리인 것 같지만 근본 뿌리는 그렇지 않다.

- 심화된 형태: "(남과 상관없이) 네가 원하는 것을 원하는 때에 해도 된다." → "저는 제가 원하는 것을 원하는 때에 반드시 해야만 해요. 저에게는 항상 선택권이 있어요. 그래

서 제가 육회비빔밥을 먹고 싶을 때 '다른 사람'이 무슨 음식을 먹고 싶은지는 중요하지가 않아요. 저는 반드시 오늘 육회비빔밥을 먹고 말 거예요."

다른 사람의 권리와 인격을 배려하지 않는 이기적인 언행일 수 있다.

- 예수님의 대처 방법: 건강한 관계를 생각한다면 원하는 일을 항상 자유롭게 할 수는 없는 노릇이다. 특히 결혼 생활은 시간과 돈을 공유하는 생활이다. 처녀, 총각 때처럼 하고 싶은 일을 다 할 수 없다. 어린 자녀가 울고 있는데 혼자 배고프다고 밥을 먹고 있을 수가 없다. 아이를 먼저 챙겨야 한다. 따라서 나의 '자율적인 권리'를 내려놓는 것이 결혼 생활이다.

2. 자기 충족성의 욕구-독립성의 욕구

"마귀는 예수를 거룩한 도성으로 데려가 성전 꼭대기에 앉혀 놓고 말했다. '너는 하나님의 아들이니, 뛰어내려 보아라'"(마 4:5-6, 메시지성경).

- 사탄의 속삭임: "능력을 펼치며 독립적으로 살아라." → "맞아요. 저는 굉장히 능력 있는 사람이에요. 그래서 다른 사람의 도움이 필요 없고 제가 스스로 제 인생을 개척하면서 멋지게 살아갈 수 있는 독립적인 사람이에요."

얼핏 나쁠 것 없는 성공한 인생인 듯싶다. 그러나 근본 뿌리를 다 헤쳐 보아야 한다.

- 심화된 형태: "너는 (다른 사람의) 도움이나 지원 따위는 필요 없다." → "저는 아주 잘났기 때문에 어느 누구의 도움 따위 필요 없어요. 저는 저 자신을 '스스로' 구원하면서 살 수 있다는 뜻이에요. 제 능력대로 밥 벌어 먹고살 수도 있고요. 누구를 기대고 의지할 필요가 없단 말이에요. 저 스스로의 힘만으로 충분히 잘 살 수 있어요."

  다른 사람의 도움과 자원은 받아들이지 않는 거만한 태도일 수 있다.

- 예수님의 대처 방법: 인간이 완벽하게 혼자 힘으로 살 수 있다는 건 착각이다. 인간은 서로 의존하고, 서로 도움을 받으면서 살아가게끔 만들어져 있다. 특히 우리는 하나님께 매일 순종하고 예배하기 위해 창조되었다. 상호 복종하는 관계는 건강하다. '내가 최고다'라는 왜곡된 신념을 버려야 한다.

3. 자아도취의 욕구—권력의 욕구

"마귀는 예수를 거대한 산 정상으로 데려갔다. 마귀는 선심이라도 쓰듯, 지상의 모든 나라와 대단한 영광을 두루 가리켜 보았다.

그러고는 말했다. '전부 네 것이다. 무릎 꿇고 내게 경배하기만 하면 다 네 것이다'"(마 4:8-9, 메시지성경).

- 사탄의 속삭임: "너의 행복과 만족을 위해서 살아라." →
  "저는 저 자신을 위한 것과 제 행복을 위한 것이라면 무엇이든 다 할 거예요. 왜냐면 저는 누구에게나 존중받을 만한 아주 중요한 사람이기 때문이죠."

  얼핏 행복을 추구한다는 건 건강해 보인다. 조금 더 깊은 생각을 들여다보자.

- 심화된 형태: "세상은 너 중심으로 돌아가야 한다." → "제가 생각하기에 세상의 중심은 저예요. 그래서 제가 이 세상의 주인공이죠. 제 주변 사람들도 저의 행복을 위해서라면 무조건 희생해야 돼요. 제가 희생을 할 생각은 없어요. 왕이 신하를 섬기는 법은 없잖아요? 제가 가장 중요한 위치의 사람이기 때문이죠!"

  나의 행복만을 원하는 자기 중심적인 태도일 수 있다.

- 예수님의 대처 방법: '갑을 관계'라는 말이 있다. 나 자신에 대해서만 지나치게 중요성을 부여한다면 독선적이고 이기적인 형태로 나타날 것이다. 다른 사람들도 나만큼 똑같은 지분으로 중요한 사람임을 인정할 때에만 행복한 결혼 생활이 유지된다.

이 3가지가 우리 인간이 넘어질 수 있는 가장 근본적인 시험이다. 쉽게 말해, 우리는 다음과 같은 사람들을 좋아하지 않는다.

- 자기 멋대로만 하는 사람
- 다른 사람의 도움을 무시하는 사람
- 자기의 비중이 지나치게 높은 사람

이 신념을 동시에 나 자신에게도 적용하면 된다. 초등학생도 알아들을 수 있을 만큼 쉬운 진리다. 그러나 이 진리가 왜곡될 경우, 즉 내가 그걸 받아들이고 싶지 않게 되면 내 왜곡된 신념을 고치지 않고 자꾸 세상을 나한테 맞춰서 변화시키려고 한다. 그리고 결국, 실패한다. 그래서 내가 세상을 똑바로 보지 못하고 자꾸 왜곡되게 보는 것이다. 그렇게 되면 우리 정체성이 왜곡되기도 하고("나는 여전히 전능하다"), 관계가 파괴되고("당신은 나의 신하야"), 우리의 성장을 방해하는("나는 잘못이 없어") 결과를 초래하게 된다.

쉽게 말해, 내가 세상의 주인공이 되고 싶은데 주인공이 되지 못하면, 다른 사람이 조금이라도 튀는 모습을 보이면 그 모습을 눈 뜨고 봐 줄 수가 없다. 그러면 그 사람을 간접적으로, 또 직접적으로 공격하게 될 수밖에 없다. 이런 식으로 우리의 잘못된 생각 체계를(죄의 본질) 인정하고 나서야 진정 세상을 정직한 눈으로 바라볼 수 있는 안경을 끼게 되는 것이다.

•• 한 줄 정리 ••

자기 멋대로만 하는 사람, 다른 사람의 도움을 무시하는 사람, 자기 자신의 비중이 지나치게 높은 사람은 결혼 생활을 할 준비가 되지 않았다. 우리의 참된 믿음은 우리의 구체적인 열심과 반드시 짝을 지어 간다는 것을 꼭 기억해야 한다.

•• 기억할 말씀 ••

항상 복종하여 두렵고 떨림으로 너희 구원을 이루라(빌 2:12).

•• 나눔 ••

결혼을 위해 당신이 더욱 준비되어야 할 성품은 무엇인가?

평생 한 사람만 사랑할 수 있을까요?

결혼과 자기 희생

○ ○ ○

■ 더 깊이 이해하고 사랑하는 관계

"전 요즘 다윗이 부럽더라구요. 다윗의 부인이 8명이었대요. 하
하. 저도 사실 여러 여자를 만나고 싶어요. 그게 더 쿨하고 멋있고
재미있지 않을까요?"

남편과 나는 삶의 아주 많은 부분을 공유한다. 무엇을 상상
하든지 그 이상이다. 남편은 나의 가장 멋지고 화려한 모습뿐
만 아니라 가장 아프고 초라하고 별 볼 일 없는 모습도 함께
본다. 그럼에도 서로를 사랑한다. 상대적으로 얄팍했던 데이
트 시절과 감히 비교할 바가 아니다.

당신은 누구와 가장 친한가? 그 사람은 분명, 다른 사람은

알지 못하는 당신의 약점을 가장 많이 알고 있고, 그럼에도 당신의 존재 자체를 이해하고 사랑하는 사람일 것이다. 결혼 생활을 하면서 우리 부부는 확실히 더 많이 갈등했고, 서로의 약점을 낱낱이 파악했다. 그러나 연애 때와 비할 바 없이 우리는 서로를 더 깊이 이해하고 사랑하게 되었다.

진정한 행복은 질적인 관계의 만족에서 나온다. 만약 여러 명의 상대와 교제한다면 어떤 면에서는 형편없는 내 모습을 들키지 않아도 되고, 상처받을 즈음 다른 사람으로 갈아타면 되니까 상처받을 일도 그만큼 없을 것이다. 다만, 진정한 깊은 차원에서의 기쁨도 당연히 따라오지 않는다. 상처받지 않는 거리에서 적당히 즐기는 것은 사랑이 아니다. 그건 쾌락이다. 상대를 내 마음대로 이용하고자 하는 욕망 그 이상도, 이하도 아니다.

예수님을 만난 후 당신의 삶은 어떤가? 예수님과 연합하기 위해서 그동안 회피했던 죄를 하나씩 제거하는 과정이 아프고 힘들었을 수 있다. 때로 믿지 않는 이들에 비해 크리스천들은 어떤 면에서는 고민과 아픔이 더 많아 보일 수 있다. 필연적인 자아 성찰과 희생이 따라오기 때문이다.

■ 자기 부인, 행복한 결혼 생활의 필수

성경에서는 분명히 "너 자신을 부인하고 십자가를 지고 따르라"고 말한다(마 16:24). 자기를 부인한다는 말이 무슨 뜻인가? 나의 존재 가치를 쓸모없게 여겨야 하는가? 무조건 짓눌림을 당해야 하는가? 이렇게 의미를 혼동한다면 심리적으로 심각한 장애가 생긴다. 고유한 개성과 기호, 타고난 성향과 감수성, 재능 등에 날개를 다는 일은 하나님이 가장 원하시는 기쁜 일이다. 하나님은 진실로 우리가 행복한 삶을 누리길 원하신다. 나의 인격적인 요소와 개성의 영역을 억압하는 것은 아주 비성경적이다.

자아의 죽음은 내 존재 가치의 죽음을 뜻하는 것이 아니다. 자기 부인은 오로지 나의 '죄'에 대해서 돌아서야 한다는 뜻이다. 크리스천의 삶은 고되고 경직된 자기 파괴의 길이 아니다. 오히려 우리를 얽매이게 한 것은 우리가 고집스럽게 붙들고 있던 우리의 '죄악'이다. 이 죄악으로부터 자유롭게 되는 길이 크리스천의 삶이다.

결혼과 크리스천의 삶에는 같은 맥이 흐른다. 이 복음의 실천을 가장 확실하게 적용할 수 있는 것이 결혼 생활이다. 결혼을 하면 내 자아의 죄성이 커지는 것이 아니라, 끊임없이 소멸되기에 가장 적합한 지점들을 만나게 된다. 결혼 생활은

이 죽음과 부활의 과정의 연속이다. 어쩌면 "억!" 소리 나는 힘든 과정이 있을 것이다. 대략 30년 동안 내 스펙을 쌓고 성취하는 데만 익숙해져 있었다. 자기 고집, 자아의 생각들, 견고하게 쌓아 온 자기 계획과 가치관, 생활 방식들이 있었다. 그러나 나와 다른 배우자와 만나 이 성은 차츰차츰 무너진다.

아직 미혼이지만, 이성 교제의 문제로 고심하며 이미 자아가 조금씩 무너지고 있는가? 그렇다면 미리 감사하기를 권한다. 낮아지고 성찰하는 시간은 헛된 시간이 아니다. 건강한 결혼을 위한 빼곡한 준비 기간이다. '하나님이 나를 낮추시고 결혼 준비를 하고 계시는 중이구나' 하며, 낮아지는 시간을 오히려 감사하기 바란다.

■ 결혼해서 행복하려면

공동 작업을 수행하는 조 모임을 떠올려 보자. 혼자 과제를 수행할 때에 비해 어떤 장단점이 있는가? 쉬운가, 어려운가? '굳이' 왜 골치 아픈 팀 작업을 해야 하는가? 그 결과는 어떠한가?

결혼도 팀워크다. 두 사람이 만나 하나의 목표를 향해 나아가는 과정이다. 성경은 부부가 둘이 아니라 '하나'라고 말한다 (창 2:24). 두 인격의 온전한 연합이 결혼이다. 연합은 쉽지 않다. 잡음이 존재한다. 갈등이 없는 팀워크는 없다. 그러나 결과는 '1+1=2'가 아닌, 그 이상이다. 팀워크는 그럴 만한 가치가 있는 행위다.

성경은 많은 부분 하나 됨을 강조한다. 우리는 예수님과 하나 되어야 하고, 다른 크리스천들과 하나 됨을 추구해야 한다. '하나 됨'이 크리스천에게 아주 핵심적인 가치임을 부인할 사람은 없다. 그래서 우리 신앙생활의 목표와 결혼 생활의 목표는 바로 연합이다. 연합이 우리의 목표가 되어야 한다. 남편과 아내가 만나서 둘이 하나가 되는 것이다.

그렇다면 무엇이 하나가 되는 것일까? '영'과 '혼'과 '육'이 하나가 되는 것이다. 이 연합을 추구하는 과정 가운데 부산물로 나오는 게 행복이다. 행복은 우리가 연합을 목표로 놓았을 때 부산물로 주어지는 것이지, 행복 자체를 좇으면 안 된다.

'하나님이 우리의 삶을 행복하게 해 주셔야 한다. 왜 나는 기도 응답이 되지 않을까? 왜 나에게 이런 일들이 있을까?'

이런 질문은 문제의 본질이 아니다. 하나님의 관점은 우리와 예수님의 연합이다. 예수님이 십자가의 고난을 당하셨듯, 우리에게도 고난이 따라온다. 그럼 그 고난을 어떻게 이겨 낼 수 있을까? 예수님이 행하신 동일한 방식이 우리의 목표가 된다. 결혼 생활도 똑같다. 두 영과 혼과 육이 하나가 되려면 얼마나 많은 잡음이 있어야 할까. 하지만 우리는 이 일을 예수님의 능력으로, 그리고 성령님의 도우심으로 해 낼 수 있다.

▶

•• 한 줄 정리 ••

둘이 하나가 되는 과정은 어렵다. 진정 새로운 피조물로 거듭나는 여정이다.

•• 기억할 말씀 ••

그런즉 누구든지 그리스도 안에 있으면 새로운 피조물이라 이전 것은 지나갔으니 보라 새것이 되었도다(고후 5:17).

•• 나눔 ••

나 자신을 확장시키고 개발하기 위한 나의 노력은 하나님 앞에 어떤 의미가 있을까? 나 자신을 스스로 낮출 수밖에 없는 겸손한 상황에 감사한 적이 있는가?

결혼 생활을 위해 갖출 태도가 있나요?

진리의 기준

⊙ ⊙ ⊙

진리를 아는 것은 우리를 자유하게 한다(요 8:32). 관계 또한 항상 진리 가운데 정렬되어야 한다. 결혼 생활도 마찬가지다. 진리는 그야말로 예리한 검이기에(엡 6:17; 히 4:12), 진리의 기준으로 관계를 마주 대했을 때 관계에서의 정답이 반드시 드러나게 되어 있다. 하나님 안에서 묵과하고 있는 죄가 있다면 그 부분을 수면 위에 띄워 반드시 해결해야 한다. 건강한 가정을 세우는 핵심 중의 핵심 원리다. 칼이 우리의 마음을 찌르고 마음의 생각을 드러내듯이(눅 2:35), 감추고 숨기는 부분 없이 정직하게 대면해야 건강한 관계가 유지되고 성장할 수 있다.

만약 이를 무시하고 그냥 나아간다면 작은 염증이 큰 질병을 유발하듯 머지않은 미래에 반드시 문제가 생긴다. '저절로'

우리의 죄 문제가 처리되지 않는다는 사실을 알아야 한다. 하나님 앞에 정직하게 드러내지 않은 만남, 죄가 처리되지 않은 만남은 언젠가 반드시 홍역을 겪게 된다. 성실하고 정직한 대면은 우리의 영혼을 보호해 준다(잠 12:19).

썩은 우유와 김치를 비교해 보자. 둘 다 썩은 음식이라는 것을 알고 있는가? 그러나 썩은 우유는 '부패'된 음식이라 칭하고, 김치는 '발효'되었다고 말한다. 둘 다 유해 물질이 들어갔다는 공통점이 있는데, 뭐가 다른가? 발효가 되었을 때는 김치와 같이 강한 음식이 되어 풍미를 풍긴다. 부패는 어떠한가? 쓰레기장 곁을 지나간다고 상상해 보자. 옆에 가기도 싫은 썩은 악취가 난다.

둘의 결정적인 차이가 있다. 발효는 반드시 '일정한 어떤 조건'이 성립되어야 이루어진다. 부패는 다르다. 부패에는 어떤 조건도 필요하지 않다. 놀랍게도, 그냥 자연 그대로 방치하면 썩는다. '어련히 잘되려니' 하고 가만히 내버려 두기만 하면 된다. 관계도 똑같다. 가만히 방치하면 무조건 망가진다. 자연적으로 방치해 두면 썩은 냄새가 날 수밖에 없다. 곰팡이가 피어오를 수밖에 없음을 꼭 기억해야 한다.

건강한 관계도, 결혼 생활도 똑같다. 건강한 관계를 이루는 데 가장 중요한 것은 꾸준히 관리하는 것이다. 저절로 되는 것이 아니다. 반드시 '일정 조건'을 성립시키는 일이 필요하다. 그 일정한 조건이란 하나님 앞에 관계를 정직하게 바라보는 시간을 갖는 것이다. 특히 말씀의 빛 가운데 관계의 진실을 조명하고 밝게 드러내는 일이다. 주의 말씀을 열면 빛이 비쳐 우둔한 사람들이 깨닫게 된다(시 119:130).

▶

•• 한 줄 정리 ••
어떤 상황에서든지 항상 진리라는 검 위에서 관계를 계속 점검하고 분별해 내야만 한다.

•• 기억할 말씀 ••
주의 말씀을 열면 빛이 비치어 우둔한 사람들을 깨닫게 하나이다(시 119:130).

•• 나눔 ••
관계를 항상 하나님 앞에서 점검받아야 한다는 것이 어떠한 의미로 다가오는가?

신혼부부가 미리 알면 좋은 것들이 있을까요?

행복한 결혼의 첫걸음

○ ○ ○

■ 결혼 생활에서 갈등은 정말로 좋다

나는 갈등을 좋아하지 않는다. 그다지 도전적인 성격이 못 된
다. 결혼 생활에서도 갈등을 꿈꾼 적은 결코 없었다. 그러나
갈등이 없는 관계는 결국 소멸한다. 또한 갈등을 해결하지 않
는 관계도 결국 파괴된다. 조금 친했지만 금방 끝난 관계를
떠올려 보자. 그 관계에 갈등이 아예 없었던 것은 아닌가? 아
니면 사소한 갈등을 해결할 사랑이 없는 관계가 아니었던가?
따라서 갈등을 만날 때마다 '너무 좋다'는 인식을 능동적으로
취하고 있는 게 좋다. 갈등을 통해 고립된 나 자신으로부터
초월해 확장된다. 갈등은 어디에도 없을 법한 성장과 도전의
기회다!

■ 결혼 생활에서 가장 중요한 태도 중 하나는 '성실성'이다

신혼 후 첫 3년이 중요하다. 아이가 태어난 후 생애 첫 3년이 중요한 것과 비슷하다. 이 시기에 주 양육자와의 애착 관계가 아이의 일평생에 큰 영향을 끼친다. 이를 뒤집을 수 있는 기회가 몇 번 없는데, 그중 하나가 부부 관계를 통해서다. 신혼기간 3년은 서로를 첫 번째 애착 대상으로 삼는 아주 중요한 기간이다. 시간과 에너지를 충분히 들여 서로에게 성실하게 신뢰를 쌓아 두어야 한다.

많은 사람이 직업적 성취에 꾸준한 노력을 기울이는 것을 당연시 여기면서도, 인간관계는 '성실'이라는 단어와 어울리지 않다고 여긴다. 그러나 게으른 사람은 아무리 갈망해도 아무것도 얻지 못한다고 성경은 말한다(잠 13:4). 관계의 풍성함과 빈약함에도 똑같이 적용되는 사안이다. 마치 좋은 직장을 골랐다고 만족스러운 직장 생활이 보장되지 않는 것처럼, 결혼 생활도 마찬가지다. 지금부터 아주 성실한 태도로 가꾸어야 한다.

사랑은 이벤트가 아니라, 과정 그 자체다. 기술이라기보다는 태도다. 정적인 개념이 아니라, 동적인 개념이다. 고정 개념이 아니라, 성장 개념이다. 한순간도 멈추어서는 안 되는 생명력 있는 관계가 되어야 한다.

■ 행복은 결혼 생활의 목표가 아닌 결과다

수많은 결혼 생활이 깨지는 이유를 아는가? 결혼의 목표를 '나의 행복'에 두었기 때문이다. 그 행복을 더 이상 실현할 수 없어 보일 때, 결혼에 대한 소망을 잃고 이혼을 결정한다. 수많은 가정이 서로의 필요를 채워 주기 위한 암묵적 거래를 약속하며 시작한다. 그러나 이 시작부터 잘못되었다. 가정은 '거래처'가 아니라 '예배처'가 되어야 한다.

두 사람이 만나 행복하게 살 수 있도록 예수님이 도우미 역할을 하시는 게 아니다. 오히려 두 사람이 예수님이 거하실 만한 가정을 만들어 드리는 예배의 과정이 결혼 생활이다. 그래서 내 욕구가 중심이 되는 결혼 생활을 추구해서는 안 된다. 상대의 욕구를 맞춰 주려는 노력만 있어서도 안 된다. 결혼 생활의 목표는 예수님께 순종하는 크리스천의 삶의 목표와 동일해야 한다.

이 원리가 바로 하나님이 주인 되시는 가정의 모습이다. 나의 욕구를 만족시키기 위해 이기적으로 상대를 착취하다가 마음에 들지 않으면 계약을 해지하는 방식은 처음부터 끝까지 동업 관계일 뿐이지, 진정한 사랑의 관계는 아니다.

결혼의 과정은 곧 교회를 세우는 과정과 동일하다. 결혼 생활에 실패한 부부들은 적어도 한 명이 마음에 하나님을 대항

해 완악해진 상태라고 한다.[21] 하나님을 주인으로 모신다면, 가끔 상대에게 실망스럽더라도 순종과 사랑, 연합의 방향성으로 나아가려는 의지가 생긴다.

오해하지 않기를 바란다. 하나님은 절대적으로 선하시기에 순종하며 나아가는 결혼 생활에서 행복한 순간들 또한 마음껏 누리게 하신다(전 9:9). 다만, 이것은 순종의 결과로써 주어지는 열매다.

▶

•• 한 줄 정리 ••

결혼해서 행복하게 살고 싶은가? 그렇다면 결혼 생활의 기초도, 목표도, 과정도 '예수님'이 되셔야 한다. 예수님만이 결혼의 참된 주인이시다.

•• 기억할 말씀 ••

그러므로 누구든지 나의 이 말을 듣고 행하는 자는 그 집을 반석 위에 지은 지혜로운 사람 같으리니(마 7:24).

•• 나눔 ••

당신이 추구하는 결혼의 목표를 다시 점검해 보자. 크리스천의 삶과 맥락이 같지 않다면, 성경적인 결혼관의 관점으로 재수정하자.

주(註)

1_ 프리셉트성경연구원, 《기도하는 엄마들 기도 일지》(프리셉트, 2017).

2_ 팀 켈러, 《팀 켈러의 내가 만든 신》(두란노서원, 2017).

3_ 디트리히 본회퍼, 《디트리히 본회퍼의 묵상 52》(신앙과지성사, 2010).

4_ 헨리 클라우드, 존 타운센드, 《No라고 말할 줄 아는 그리스도인》(좋은씨앗, 2017).

5_ 최성애, 조벽, 존 가트맨, 《내 아이를 위한 감정코칭》(한국경제신문사, 2011).

6_ 이진아, 《십대를 위한 성경적 성교육》(두란노서원, 2019).

7_ 민디 마이어, 《데이트, 그렇게 궁금하니?》(IVP, 2008).

8_ 팀 켈러, 《결혼에 관하여》(두란노서원, 2020).

9_ 헨리 클라우드, 《No라고 말할 줄 아는 데이트》(좋은씨앗, 2001).

10_ 팀 켈러, 《결혼에 관하여》.

11_ 폴 투르니에, 《죄책감과 은혜》(IVP, 2001).

12_ 미국정신분석학회 편, 《정신분석 용어사전》(한국심리치료연구소, 2002).

13_ 네드라 글로버 타와브, 《나는 내가 먼저입니다》(매일경제신문사, 2021).

14_ 에리히 프롬, 《사랑의 기술》(문예출판사, 2019).

15_ 폴 트루니에, 《여성 그대의 사명은》(IVP, 2004).

16_ 김현섭, 김성경, 《욕구코칭》(수업디자인연구소, 2018).

17_ 존 그레이, 《화성에서 온 남자, 금성에서 온 여자》(동녘라이프, 2002).

18_ "냉소적 불신 척도를 판단하는 질문 문항"(Cook & Medley, 1954).

19_ 게리 채프먼, 《5가지 사랑의 언어》(생명의말씀사, 2010).

20_ 폴 트립, 《치유와 회복의 동반자》(디모데, 2007).

21_ 스토미 오마샨, 《아내의 기도로 남편을 돕는다》(생명의말씀사, 2009).